U0929860

“互联网 + ”的时代，机会与争议并存
微商，下一条财富通路

微商，下一个淘宝

蚂蚁也能变大象

陈鹏全　主编

Weishang Xiayige Taobao

SPM
南方出版传媒
广东经济出版社
·广州·

图书在版编目（CIP）数据

微商，下一个淘宝：蚂蚁也能变大象 / 陈鹏全主编. —广州：广东经济出版社，2015.7

ISBN 978-7-5454-4111-6

Ⅰ. ①微… Ⅱ. ①陈… Ⅲ. ①网络营销 Ⅳ. ①F713.36

中国版本图书馆 CIP 数据核字（2015）第 123810 号

出版发行	广东经济出版社（广州市环市东路水荫路 11 号 11～12 楼）
经销	全国新华书店
印刷	佛山市浩文彩色印刷有限公司 （广东省佛山市南海区狮山科技工业园 A 区）
开本	730 毫米×1020 毫米 1/16
印张	13 2 插页
字数	219 000 字
版次	2015 年 7 月第 1 版
印次	2015 年 7 月第 1 次
印数	1～5 000
书号	ISBN 978-7-5454-4111-6
定价	36.00 元

如发现印装质量问题，影响阅读，请与承印厂联系调换。

发行部地址：广州市环市东路水荫路 11 号 11 楼

电话：（020）38306055 37601950 邮政编码：510075

邮购地址：广州市环市东路水荫路 11 号 11 楼

电话：（020）37601980 营销网址：http://www.gebook.com

广东经济出版社新浪官方微博：http://e.weibo.com/gebook

广东经济出版社常年法律顾问：何剑桥律师

PREFACE 前言

近年来，中国的电子商务呈现出了快速增长的势头。“十二五”期间，作为新一代信息技术的分支，电子商务被列入战略性新兴产业的重要组成部分，成为信息化建设的重心。尤其是2010年之后，中国的电子商务进入了大发展与大跨越的时代。

2015年两会上，“电商”可谓是最出“风头”的行业，在总理的“互联网+”以及春晚微信红包营销的影响下，2015年是微商大有作为的一年，当网购消费成为一种习惯后，以社交媒体为平台的微商渠道，发展速度则像高速列车般飞驰，风头正劲，微商将颠覆传统电商时代。

借着2015年“两会”的春风，互联网创业成为了众星捧月的热点，不少参会人员都提出了关于互联网创业的议案。对于大多数人来说，微信创业并不是什么新鲜的话题。据相关数据表明，从2013年起，每年平均有超过1/4的“85后”、“90后”选择线上创业。随着移动互联网的崛起，微信的霸主地位如日中天，通过微信创业的人会越来越多。

那么微商是什么？微商是一座在朋友圈、微信群和QQ群里涌动的巨大金山。微商使得那些“90后”、全职妈妈和大学生等月入百万且流水千万的事例不再是传说，坐在家里轻松动动手指就能赚钱已经成为现实。在这个提倡“大众创业，万众创新”的年代，越来越多的人加入到微商大军。然而，大多数人只是看到别人通过做微商赚了不少钱，感觉微商是个趋势，就稀里糊涂地做了微商，但是，这些人并不知道微商怎么做。

基于此，我们微商黑马“V.I.P.团队”在开设“如何做微商”培训课程的过程中，搜集了大量的实战案例，并结合已经成熟进入电子商务领域企业的经验，编写了《微商，下一个淘宝——蚂蚁也能变大象》一书。

《微商，下一个淘宝——蚂蚁也能变大象》一书对于如何做微商的朋友和企业给出了一些建议和参考，全书通过知识点的解读、运作的模式、经典的案例、发展的趋势对如何做微商进行了很好的诠释，由浅入深，从理论到实践。具体内容包括：微商强势崛起，剑指淘宝；微商，风口上的猪；大众创业，全民微商；各行各业，融进微商；“掌”握商机，新手变老掌柜；借势“互联网+”，搭建微商平台；微营销，玩转微商；赢在指间，微商大咖秀等内容。

微商是移动时代的革命，是一个极具潜力又颇受争议的全新的创业模式，也是一个看似简单却又极富挑战的营销方式。微商的“微”，不仅仅是微信的微，而是指移动互联网时间的碎片化，将沟通的即时性和便捷性发挥到极致。“微”代表的是无孔不入，充分体现出移动互联网的特性。微商时代是一个公平机会的到来，是任何人都有机会的全新起点。

微商是互联网下的一个新业态，编者只是从个人的角度对如何做微商进行了解读，同时，由于编者水平有限，加之时间仓促，错误疏漏之处在所难免，敬请读者谅解，并不吝赐教。

由于写作周期紧迫，部分图片与文字内容引自互联网媒体，其中有些未能一一与原作者取得联系，请您看到本书后及时与编者联系。

微购物品牌创始人

知名电商营销专家

PREFACE | 目录

在2015年的“两会”上，“电商”可谓是最出“风头”的行业。在总理的“互联网+”以及春晚微信红包营销的影响下，2015年是微商大有作为的一年。当网购消费成为一种习惯后，以社交媒体为平台的微商渠道，发展速度则像高速列车般飞驰，风头正劲，微商将颠覆传统的电商时代。

第二章　大众创业，全民微商 / 33

借着2015年“两会”的春风，互联网创业成为众星捧月的热点，不少参会人员都提出了关于互联网创业的议案。对于大多数人来说，微信创业并不是什么新鲜的话题。据相关数据显示，从2013年起，每年平均有超过1/4的“80后”、“90后”选择线上创业。随着移动互联网的崛起，微信的霸主地位如日中天，通过微信创业的人会越来越多。伴随着传统企业转战移动互联网，微信的商业契机也越来越多，那么哪些人适合做微商呢？

第三章 各行各业，融进微商 / 63

在微商如火如荼的强势潮流下，很多人都想做微商，但是哪些产品适合做微商呢？首先，产品的品质要安全，要符合国家规定，而且使用后的效果较为明显；其次，产品要有一定的利润率，这决定了渠道的占有率，以及代理商的热情；最后，产品要有品牌传播性，这和产品的传播速度和未来销售相关。

2015年，在党的十八届三中全会上，人大代表们已经认可了微商的创业方式，并且将此提升到了国家的战略层面：互联网+。在这个提倡“大众创业，万众创新”的年代，越来越多的人加入到微商大军。然而，大多数人只是看到别人通过做微商赚了不少钱，感觉微商是个趋势，就稀里糊涂地做了微商，但是，这些人并不知道微商该怎么做。

2014年微信已经带来了1000多万的就业人数，而微信将面对第三方平台开放专门的、有针对性的接口，以便获得商户信息的管理权。不得不说，2015年必将是微商的爆发年，微商的发展会更加迅猛。微商必将走向行业规范化，产品走向阳光化，微商操作将平台化。那么微商怎么做？微商有哪些好的平台呢？

集文字、语音、视频于一体的微信，正在深刻地改变着我们的社交与生活。当自媒体迅速崛起，微信公众账号广泛受宠，微信已经早已超过了7亿用户，微信朋友圈成为人们晒心情、晒活动的社交圈时，媒体营销人蓦然发现，以电视、广播和纸媒为途径的传统传播模式，已经遇到了成长的“天花板”，而以微信朋友圈口碑传播为主要表现形式的微信营销，因为拥有了海量用户和实时、充分的互动功能，正成为营销利器。

微商是移动时代的大革命，是一个极具潜力又颇受争议的全新的创业模式，也是一个看似简单却又极富挑战的营销方式。微商的“微”，不仅仅是指微信的微，而是指移动互联网时间的碎片化，将沟通的即时性和便捷性发挥到极致。“微”代表的是无孔不入，充分体现出移动互联网的特性。微商时代是一个公平机会的到来，是任何人都有机会的全新起点。

导读　微商强势崛起，剑指淘宝

微商的飞速发展引起了业内外人士的广泛关注。也许腾讯公司在研发微信之初都没有想到微商的萌芽和发展会如此迅猛和壮大。

现在打开微信朋友圈你会发现，几乎一半的内容已经被各种商品广告所代替。这些广告涉及的商品可谓五花八门，大到电器、奢侈品，小到巧克力、卫生纸，而销售这些产品的人正是大家昔日的好友，他们被网友冠以一个新潮的名字——“微商”。

据不完全统计，微商的从业人员已超过5000万，这个数字是淘宝用了8年才实现的成绩。这也让不少业内人士预计，微商是否会成为下一个淘宝，是否会取代淘宝？

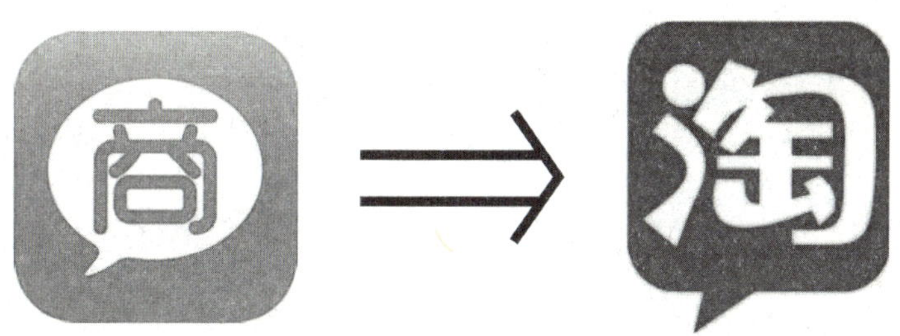

电商行业的“新宠”——微商崛起

2015年初，微商领域迎来一个“大玩家”。由新东方教育集团董事长俞敏洪和中国PE行业投资人盛希泰创立的天使基金“洪泰基金”投资了一家名为“大V店”的微商平台。“洪泰基金”成立后的“处女投”，在游戏规则尚未完善的微商界引起轩然大波。

“大V店”的出现是微商蓬勃发展的一个缩影。2014年以来，微店平台如雨后春笋般不断涌现，已成为电子商务行业的“新宠”。自2014年10月，口袋购物宣布获得C轮融资3.5亿美元开始，各类基于微信的微店平台就成了最炙手可热的投资项目，不断有第三方微店平台宣布获得额度不菲的融资。

同时，各路电商巨头也纷纷抢滩布局。例如，吸收了腾讯电商业务的京东，正在继续“去中心化”电商的探索模式，其中包括京东微店，以及独立子公司拍拍的“拍拍微店”。拍拍微店APP于2015年1月正式上线，这是一款面向卖家的开店工具，下载APP后，只需要通过QQ号码就可以注册，可以用手机给产品拍照和编辑商品详情，一键上货。

如今，欲在微商领域“分一杯羹”的企业还不在少数。例如，在团购大战中失利的窝窝商城，也开始拓展微店业务，并对其寄予厚望，目前窝窝商城已提交上市申请。

“朋友圈”卖货——微商的瓶颈

目前，尽管微商正以如火如荼的态势发展，但微商是否会成为下一个淘宝，业内相关人士却看法不一。有业内人士指出，目前在国内C2C领域，淘宝拥有超过95%的市场份额，而类似于拍拍等微商想要动摇淘宝的霸主地位依旧困难重重。

在“大V店”、拍拍微店等第三方微商平台出现之前，人们印象中的微商更多的是直接在朋友圈卖货的个体商家。如今，由于存在广告恶意刷屏、商家鱼龙混杂、传销化倾向等问题，原始的、野蛮的“朋友圈卖货”模式已经穷途末路，第三方微店平台是微商发展的大势所趋，但微商要想成为“下一个淘宝”，仍面临不少障碍。

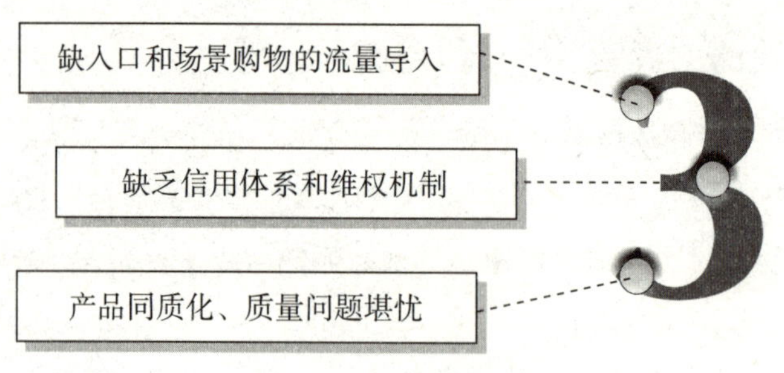

微商目前面临的障碍

1. 缺入口和场景购物的流量导入

业内资深人士分析道："你可能会十分钟就翻一下朋友圈，但不可能十分钟就看一次订阅号和服务号，只要你的朋友圈里有人，你发什么商品总有人会去看，而对于一些缺入口和场景的第三方微店平台而言，没有用户流量就意味着失去一切。"

就拿大V云集的"大V"店来看，"大V"们也希望每天都有不同的新人关注自己，买自己的商品。况且微信不同于微博，不是每个人都有足够大的影响力，对于大多数"大V"来说，同样需要不断地为他们输送流量。

2. 缺乏信用体系和维权机制

缺乏信用体系和维权机制是微店做大、成为下一个淘宝必须要迈过的坎。目前，即使是入驻微商最多的口袋购物"微店"，也还没有建立类似于传统电商的信用成长体系，入驻的微商也没有向平台交纳任何保证金。业内人士称，微店此前"熟人交易"比较多，"信用"多来自社交关系中的"信任"。目前，微店已经上线了"店铺分级"系统，"期待通过社交关系来建立一种新的评价机制"。

3. 产品同质化、质量问题堪忧

业内人士指出，目前微店的状态就像早期阶段的淘宝，同质化严重。此外，目前开设微店的大多是个人小卖家，在商品质量上也无法把控，对商家的考核监管难度很大。当有很多高品质企业进入微商时，就会出现一些微店小卖家淘汰出局的现象。

微店，急需在这个松散的生态系统上建立一个可控的商业规则。

突破个性化和私人定制化——微商的转型

业内人士认为，微商的转型势在必行，必须以社交属性的个性化，以及私人定制化的服务为突破口，走出一条属于自己的成功之路。微商应充分利用微商社交属性的个性化。在微商的运营模式中，微商与粉丝之间的这种人与人的关系是最核心的东西。基于社交的个性化，微商应从以下两方面做起：

（1）要强化关系深度，将粉丝、用户的关系做深。

（2）可以提高购买频率，逐渐发展老客户成为下级代理，打造私人定制化的服务。

对于私人定制化微商，首先可以从单纯的售卖商品转型为服务提供商；然后是结合微信已经具备的LBS、商用Wi-Fi等功能，拓展O2O业务，主打定制化服务牌。

对于微商运营者而言，业内人士认为，宜从以下几方面努力，才能做大做强。

（1）善于利用圈子效应锁定潜在客户。微商要寻找需要其产品的客户，这便需要圈子效应，要擅长在微信、QQ等巨大的流量资源中寻找重复购买商品的群体，以圈子辐射客户范围。

（2）依托自媒体形成粉丝效应。微商依托于自媒体得以成活，反过来，自媒体也可以供给微商更多的资源。比如，自媒体创作者利用自己积累的粉丝资源巧妙地转变成客户资源，进行相关范围内的产品营销。

（3）利用平台优势形成口碑。微商在网络时代产生，除了借助自媒体的传播效应外，也需要依靠网络媒体的传播途径让产品个性化、质量化和品牌化，打造一个产品优势，以此形成口碑，通过网络平台传播，打造微商强势阵容。

新型模式的发展——微商的出路

光靠朋友圈的暴力刷屏，微信上的你来我往，缺乏完善的交易体系和信任机制，微商的前路越来越难行。当朋友圈的红利期已被消耗殆尽，一大波微商徘徊在十字路口。未来的微商将会以下面四种形式发展。

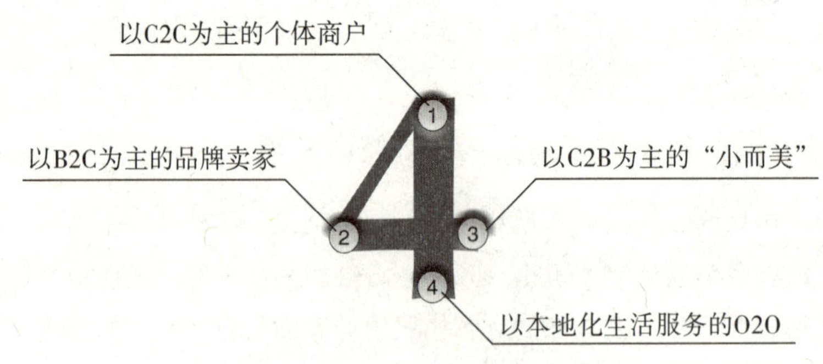

微商的四种发展形式

1. 以C2C为主的个体商户

淘宝培养了顾客在PC端的网购习惯，微信培养了用户在移动端的社交（分享）习惯（购物习惯正在慢慢形成）。如果说淘宝开启了全民网购的时代，那么微信就开启了全民开店（微商）的时代。微信让自商业成为一种可能，一个既是买家又是卖家的移动购物时代到来了。

虽然微信电商一直不被外界所看好，但是在所有的移动电商平台上，基于微信的试错成本是最低的。目前这部分群体是最大的，随着微信功能的进一步完善，这部分人将会形成一个庞大的联盟体，时刻等待爆发。

2. 以B2C为主的品牌卖家

这种方式是所有平台方和第三方最为看好的微商发展模式。不管是以京东购物为主的品牌电商还是以微盟旺铺为主的第三方，微商最终的发展应是规模化运作。这种规模化是一个C2C到B2C的过程，就像淘宝最先运作的是C2C（这一点和朋友圈相似），但当这一模式偏离正轨时，天猫（B2C）就应运而生，用户的购物观念也逐渐从便宜转向品牌和质量。微商也如此，朋友圈卖货只是微信电商途径的第一步。

3. 以C2B为主的“小而美”

流量为王的PC时代，C2B没有迎来大繁荣，但是却蕴藏了巨大的能量。在移动互联网时代，这一按需定制的个性化产品将会迎来全面发展。微信本身就是一款“小而美”的产品，对于非标类的产品，在微信上通过口碑传播和精准营销，更容易寻找到潜在的用户。在去中心化的微信平台上，“小而美”的产品更适应发展需要。

4. 以本地化生活服务的O2O

很多人认为O2O难做，其原因是因为线下资源整合起来难度大，尤其是物流等各方面操作起来非常麻烦。而这恰好是微商的机会所在，马云说过抱怨最多的地方就是机会最大的地方。O2O重在服务，如果微商仅仅只把自己定位成一个微信卖东西的人，那么他就只是一个卖家或中介商，而如果把自己定位成一个移动客服的话，解决终端用户找信息难和信息不对称等问题，那么微商就会成为移动电商的桥梁。

平分秋色——微商成不了淘宝

不管电商怎么发展，智能手机普及得如何迅速，至少3~5年内，微商成不了下一个淘宝。对于习惯在PC端购物的人依然会选择在PC端购买，移动微商只是让用户在碎片化、移动化和场景化的情形下体验更加方便。移动端的电商和PC端的电商形成互补，将平分秋色。

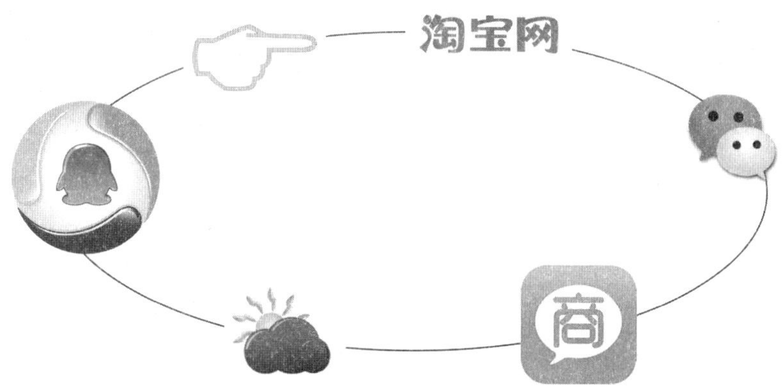

第一章
微商，风口上的猪

在2015年的“两会”上，“电商”可谓是最出“风头”的行业。在总理的“互联网+”以及春晚微信红包营销的影响下，2015年是微商大有作为的一年。当网购消费成为一种习惯后，以社交媒体为平台的微商渠道，发展速度则像高速列车般飞驰，风头正劲，微商将颠覆传统的电商时代。

1.1 微商解读

2015爆款，补水效果超强，贴在脸上冰凉，一夜之间皮肤就喝饱水了……除了有如此动人的描述，还有可爱的真人秀。

这样的场景是不是很熟悉？没错，这就是依托社交应用而在2014年火爆起来的微商的一个写照。

何谓微商？很多人把通过微信开个小店就当成了“微商”，并且与淘宝相提并论，俨然自成一派。实际上，微商并非“微信电商”，更不是仅仅指微信小店。微商指的是在移动终端平台上借助移动互联技术进行的商业活动，或者简单地认为通过手机开店来完成网络购物。

微商起源于2013年、发展于2014年、将火于2015年，为什么这么说呢？在

2015年3月8日至10日的广州微商展上，国家领导人亲自到现场视察，仅凭这一点就证明了微商在今年将会是一个爆发年，还不说其他正规的大公司也在加入微商，并逐步规范市场。

对于微商这个风口上的猪，大众也产生了许多疑问，微商有多火？微商赚钱吗？微商如何发展？下面将对这些疑问一一给予解答。

大众对微商的疑问

解读01：微商有多火

时下微商有多火？有微商运营团队表示："2014年是微商的成长年，2015年则是微商的爆发年，微商将对淘宝产生巨大的冲击。"

看看朋友圈，有没有发现总有些朋友在润物细无声地展示某些产品的优点，并且可以通过他（她）买到这些产品。这些就是微商的个人卖家。他们从代理商入货，然后通过社交平台进行销售。

尽管没有人能准确统计目前微商群体的数量，但业内人士估计，参与微商经营的人数已高达千万人左右。而卖面膜的个人微商数量就高达数百万人。

◆资讯导航◆

微信朋友圈被面膜刷屏，线下更是热闹。2015年初，韩国某面膜品牌在广州举办了一场招商会，在招商会上打出了微商招商大会的主题，到场的三四百人全是微商运营者。另一品牌的微商招商大会不久前也在广州塔举行，两百多位微商参与了招商会。其实，三五百人的招商会在微商界都算小儿科了。动辄数千人的微商招商会比比皆是，除了人数众多，品牌商还会请来明星站台，更有甚者，把品牌广告做到了中央电视台的羊年春晚上。业内人士称："招商会有气势、有明星、有产品，那么一场招商会下来就基本收回前期成本了。"

一直以来，品牌招商会多以线下渠道为主，或者线下与线上渠道并行，但纯面向微商的招商大会的频繁出现，说明微商的确在升温。各种类型的微商大会、微商论坛、微商服务号的出现，将微商的热度不断推高。

媒体聚焦》》

央视等各大媒体助力首届世界微商大会

首届世界微商大会于2015年4月11日在中国义乌顺利开幕。本次大会在开幕前就已经吸引了近13万的关注人数，投票系统收到近百万次投票，大众对于本次世界微商大会的关注度和期望值不言而喻。而大会举办当天，可同时容纳1000人的主会场座无虚席，更是再次印证了本次大会在大众心中的分量之重。

出席本次大会的嘉宾都是大有来头，政府人员、移动互联网行业大咖、金牌导师和优秀团队、品牌代表等一众重量级人物，更是增加了人们的期望值，引起了人们的关注。

据了解，本次大会媒体支持单位有中央电视台、新华社、中新社、中央人民广播电台、中国国际广播电台、人民网、凤凰卫视等主流媒体，浙江卫视、金华电视台及义乌当地媒体也共同参与报道，而新浪网、凤凰网、中新网、新华网、搜狐、网易等网络平台同样对本次大会进行了持续报道。

本次世界微商大会能得到这么多媒体平台的关注报道，在很大程度上说明，人们对于微商的关注度和认可度已经达到一种难以忽视的地步。而中央电视台的大力支持更是对本次世界微商大会顺利召开有着毋庸置疑的帮助。

在本次大会主现场门口展区，CCTV发现之旅频道《时代影响力》特别节目《领导者说》早早地在现场搭建了采访区，与《微商界》《青年时报》等采访区紧邻。

据悉，《领导者说》作为CCTV发现之旅频道《时代影响力》的特别节目，是一档针对政界、商界、学术界权威领导者发声的全新励志记录专题节目，现已形成以记录、专题、对话相结合的立体新媒体模式，是全国首家“企业家为自己发声”的专题记录节目。而《领导者说》节目助力本次世界微商大会，也正是对本次微商大会的肯定与支持。

有人说微商的出现是时代发展的必然，也有人认为微商的出现是一种偶然。但是，无论是偶然还是必然，微商现在取得的成绩是有目共睹的。虽然现在的微商还存在很多的不足，但是，世上无难事只怕有心人，有“大众创业，万众创新”良好的创业环境，有政府和媒体的支持，有大众的接受和肯定，加速建立和完善微商的诚信体系和维权机制，相信微商一定能健康、快速地发展壮大，形成一种全新的独特的商业生态。

解读02：微商赚钱吗

微商成为当下讨论的热门话题，就像淘宝兴起时那样，有称赞的，有诋毁的。微商究竟能不能赚钱呢?

在微商圈里不乏“月入百万”“流水千万”的例子，加之微商基本上是没有任何入门门槛，只要有手机、会用微信、有货源就能做微商，所以很多人都蜂拥而至，期待动动手指就能够一夜暴富。然而，现实是天上没有白掉馅儿饼的事，错误的方法加上过高的期待让大部分参与者败兴而归，最后总结出一句话：微商不靠谱。出现这样的局面主要是因为以下几个原因。

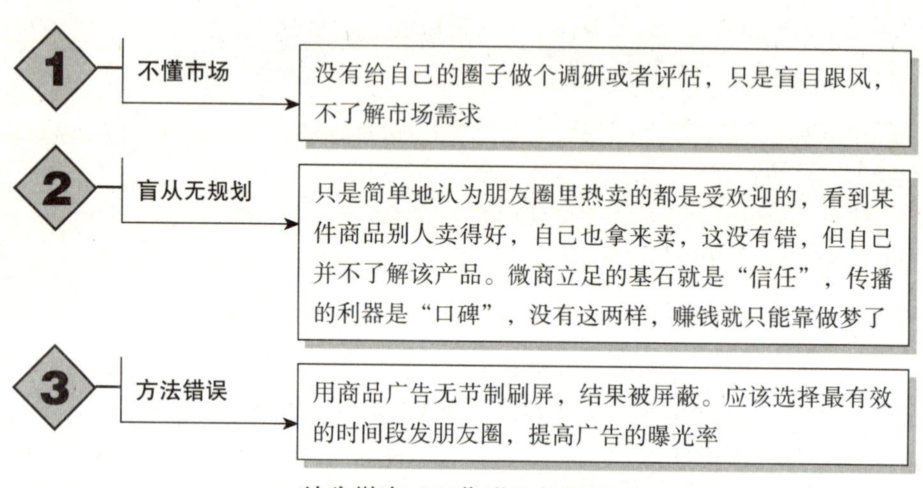

认为微商“不靠谱”的原因

微商能不能赚钱，关键要看怎么做，会做的人才能赚钱。

◆ 资讯导航 ◆

作为微商生态圈里的末梢，数量庞大的个人卖家构建起微商的底层。在最近一篇转载率十分高的文章《内幕揭秘：朋友圈的“面膜”都卖给谁了？》中提到：“如果你因为某种原因，多加了一些陌生人做微信好友，那么这些陌生人里大概有90%是做微商的，而这90%微商里至少有90%是做面膜的，不信你看看你的朋友圈。这90%做面膜的人里面又有90%必然说自己的面膜是美白的，并且这90%做面膜的人里面又有90%必然在发展代理的，而不是直接销售的。这些面膜基本上没有消费者，也就是说，几乎没有人因为使用而购买。按常理，这类的产品和营销模式是必然不行的，然而，让你深感颠覆的是，有一些人因此发财了，而更多的一批本来想发财的人，因此而不缺面膜用了。”

解读03：微商如何发展

钱都被上游赚取、熟人生意难做、产品缺乏品牌信誉、新客户难以开拓等一系列问题摆在微商面前，个人卖家不得不厚着脸皮刷屏朋友圈。此外，微商模式往往还与传销界限不清，不少打着微商幌子的传销活动也浮出水面。那么，进入被视为微商爆发年的2015年，微商是否还有新的发展？

无论是微商品牌方还是运营方都在探讨与尝试。业内人士称，微商在2015年将迎来井喷，一个品牌的招商会就能找到6000多个微商，这说明微商市场仍有庞大的发展空间。目前要解决的就是卖家的信息不对称问题，如何帮助卖家找到买家，如何让买家接受卖家，这就是微商面临的问题。

◆ 资讯导航 ◆

作为新生事物，微商极有可能得到传统势力的尝试性拥抱。2015年春节前夕，苏宁易购鼓励员工开设微店销售苏宁易购的商品，并推出奖励措施，试图扩大销售渠道，同时推广苏宁易购APP应用。一位已经在微信上开辟了微店的苏宁易购内部员工向记者表示，员工只需要用自己的苏宁工号、密码，进入专属APP之后，就可以把上面的商品上架转发到微信中，商品卖出后可以获得一定数量的佣金。据记者了解，目前50%以上的苏宁易购员工已开通苏宁微店，估计有9万家苏宁微店。

新鲜事物总有一个成长的过程，早年的淘宝也是如此。微商在短短一年多的时间里就从兴起走向火爆，这得益于朋友圈的海量用户基础与熟人社交属性。社交平台为微商提供了具有先天优势的温床，看准了机会的品牌商和代理商可谓先富起来，而个人卖家的获利却很少。正因如此，上层获利，底层出力的商业模式是注定走不远的。只有让数量庞大的个人卖家也有发展空间，实体物品能真正进入市场流转那才能形成巨大的合力，将草根经济推向高潮。反观早年的淘宝就是最好的例子。在2015年，可以预见微商仍会突飞猛进，这将是决定性的一年。如果2015年，仍有几百万卖家扎堆卖面膜，你仍然在哪儿都被拉黑、你仍然不知道手里的货要怎么卖出去时，微商就走到尽头了。

1.2 微商的转变

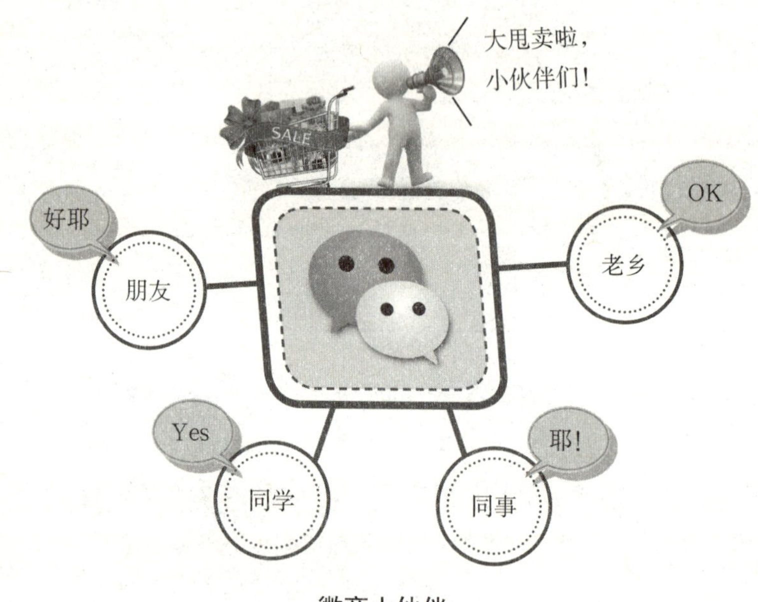

微商小伙伴

自2014年12月微信提出“微信八条”以来，朋友圈代购的微商明显变少了。虽然朋友圈微商任性的日子一去不复返，但是这并不意味着微商消失了，相反微商在跌宕起伏中表现出了更加蓬勃的生机。2015年的微商，将会呈现出“平台、模式和资本”三国撕杀的局面。

互联网用8年时间成就了淘宝，成就了销售过亿的“淘品牌”，成就了超过5500万网商，让传统企业“看不懂、看不起、来不及”；移动互联网速度只用了不到2年的时间创造了：40天销售超过亿元，4个月回款超过2亿元，12个月超过10亿元的“微品牌”，成就了超过1000万微商；2014年当几乎所有人都在感慨经济转型之痛时，微商们却在分享移动互联网带来的红利。

微商正以千军万马之势席卷全球，众多国家都认识到了微商的巨大潜力。

微商的发展让创业者更有信心，同时也让各级政府开始关注这个新型的商业模式。该如何开创新的经济发展路线呢?微商无疑是个好答案。更为规范的、受政府关注的全新微商时代已经来临。

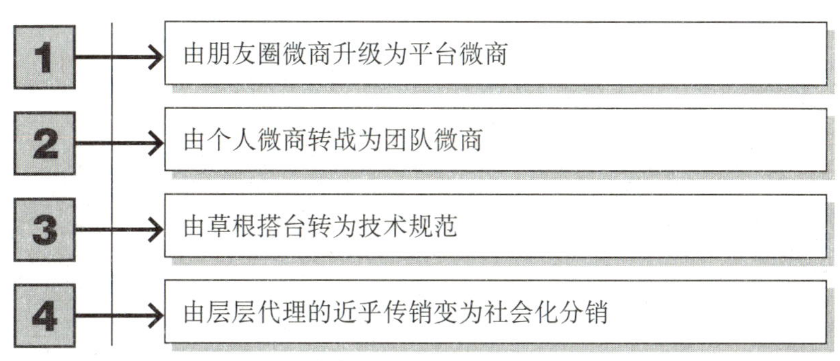

微商的转变

转变01：由朋友圈微商升级为平台微商

2014年，微商通过朋友圈成就了一批诸如面膜和化妆品微商，这类微商通过砸钱大量投放广告、推广、招商、代理，而一旦这种简单粗暴的营销方式终止，这一盈利方式也难以继续。为了另谋出路，一些品牌微商开始拥抱拍拍微店、口袋购物等平台微商。

转变02：由个人微商转战为团队微商

面对产品同质化和行销渠道的单一化，单打独斗的微商已经力不从心，开始向团队化转变。虽然对于品类来说非标品的产品更具吸引力，但从商业规模效益来看，往往“小而美”的产品很难量产，在品质上也缺乏保障。微商要想持续地盈利，必须要依靠团队化操作。

转变03：由草根搭台转为技术规范

草根搭台时代即人人微商时代，微商1.0时期，朋友圈是最好的营销利器。随着用户免疫力和抵抗力的增强，微商营销手段也在不断升级。很多企业开始通过技术手段从源头上解决暴力刷屏、假货泛滥和维权闭环等交易问题。

转变04：由层层代理的近乎传销变为社会化分销

在很多不理解微商的人看来，微商发展代理商就是传销。事实上，这种层层代理的现状可以通过平台分销的方式来解决，只要管控一级分销，其他的问题便可以迎刃而解。

媒体聚焦》》

微商还能任性多久

——来自中国微营销网的报道

让人羡慕嫉妒恨的微商有多少从业人数？据初步统计，目前微商从业者已破千万，大型微商团队多达百万人，各级代理数量叠加过千者比较常见，月入百万的微商案例更是普遍。欧蒂芙、俏十岁、嘉玲、万色水母、思埠等以前闻所未闻的品牌瞬间过亿元的销售额让化妆品同行十分眼红。

但微商的繁荣是带有阶段性运气因素的，就像当初传统企业看不见电商发展的机会一样，微商蓬勃的背后实质是移动社交电商兴起的市场机会，也有消费者消费升级的市场机会。

一旦各行业的主流力量都扑进来的时候，短暂的蓝海很快会变成红海，简单粗暴的刷屏发展代理向代理压货的粗放模式，一旦有更具竞争力的模式与之角逐，分崩、瓦解只是眨眼间的事情。因为：

1．引起用户反感

目前微商的推广方式主要是靠朋友圈刷屏，简单初级，大量的用户反馈已经对朋友圈卖货表示反感，看看微信附近的人签名就知道了。

2．压货卖不出去

有些微商品牌的大部分产品没有直接卖到消费者手中，而是压在各级代理商手中，被苦苦刷朋友圈的妹子们自己消费了大部分，看起来更像是内部消费和渠道压货。

3．大品牌主导格局

前述推广模式和售货模式注定它目前是劳动力密集型行业，一旦有大量有实力的品牌加入，它将成为一个智力密集型行业，原来的粗放模式注定不堪一击。

4．草根微商缺乏专业培训

大量微商团队主要负责人出身草根，没有受过严谨的商业培训和企业管理历练，仅凭勇气和干劲在苦逼中摸索，功底不够扎实，视野不够开阔，宣传上缺乏有力的理论论述体系支撑，说白了就是扛着步枪的游击队，和装备精良的正规军作战注定胜算极低。

另外，微商还有两个极大的风险，目前微商团队应该是有意识到的：

1．国家政策的管制

一旦引起政策层面的重视，也会带来不小的冲击，因为目前大量的朋友圈卖的化妆品，多属三无产品（无生产企业名称、无卫生许可证号、无生产日期或有效期），注定会引起朋友圈销售队伍的大量分化。

2．来自微信的管制

这点估计不少微商团队已经意识到了，朋友圈内容被随机性显示，或者发了朋友圈好友看不到，或者被封号，频繁打招呼加人以及一台手机多开微信的方式受到严厉制裁，好友数量设置上限，接下来如果微信出台政策，朋友圈只要过多发面膜图片、发送频次太高、被拉黑比例大、被举报频次高即被封号，或者微信降为只能添加2000好友，那带来的将是致命性的打击，因为目前微商其实主要还是靠微信朋友圈。

微商接下来要怎么做?

1．能力进化

不管是管理能力、推广能力、策划能力还是数据洞察能力都需要加强修炼，特别是虚拟团队的集约化管理能力，还有一个就是培训能力。接下来不懂培训，不懂给自己的团队进行能力提升培训的微商很难走长远。

2．模式进化

单纯向代理压货的模式无法避免窜货，也无法规避窜货所带来的影响，代理模式本质上是与互联网去中间化的本质是冲突的，因此，尽量淡化对代理的依赖，直接面向消费者。如何实现自己与消费者之间永远只隔着一个中间层，将是微商们所面临的课题。

3．自有品牌

因为大量产品不合规，经不起查，因此不妨利用自己的渠道影响力，寻找有实力的厂家合作，或者干脆自建品牌，寻找工厂代工。这就容易出现有品牌供货不稳定或者产品品质有问题，无法退货，引起大量消费者投诉，浪费了大量的精力。

4．拥抱大腿

找一些目前已经发力的微商市场，并且拥有大量的技术资源、产品资源和稳定的微信官方关系的合作伙伴深度合作。

移动互联网带来的机遇就摆在面前，微商怎么做才能够成功？答案是，要拥有一套完善的社会化分销体系、完善的基础交易平台和完整的售后维权机制，只有消费者有保障了，微商才能快速地迎来爆发阶段。

1.3 微商与传统电商

微商最近很火，很多人把通过微信开个小店就当成了“微商”，并且与淘宝相提并论，俨然自成一派。实际上，微商并非“微信电商”，更不是仅仅指微信小店，微商是指在移动终端平台上借助移动互联技术进行的商业活动，或者简单地指为通过手机开店来完成网络购物。那么微商与传统电商的区别是什么？

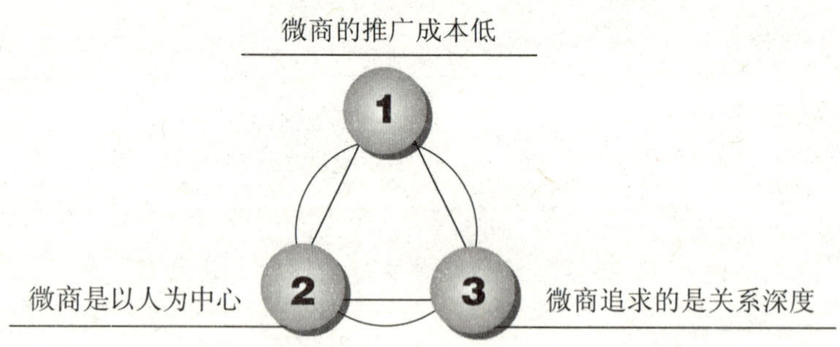

微商与传统电商的区别

区别01：微商的推广成本低

与传统电商相比，微商的推广成本更低。例如，在百度上做一个关键词竞价每个点击成本从10元到几十元不等，而这只是点击费用，不一定能形成成交额。但在微信朋友圈中，理论上一条微信可能同时被5000人看到，而微信的流量成本要低很多。

区别02：微商是以人为中心

电商是做货的生意，以商品为中心；而微商则是做人的关系，是以人为中心。电商时代都在追求爆品，只要产品足够好，价格足够有吸引力，能够制造爆品神话。但是，以微信为代表的移动互联网时代是社交的时代，这时候微商和粉丝的关系、人与人的关系才是最核心的东西。通过关系获得信任，通过信任卖出商品才是关键所在。

区别03：微商追求的是关系深度

电商时代追求流量和入口，无论是PC时代还是APP时代，都是要追求流量导入，追求不断地拉新客户，追求成为入口。但社交购物的微商时代，游戏规则变了，追求的是关系深度，微商不一定要有太多的客户，只要将粉丝、用户的关系做深，维系老客户，提升购买频率，就能够形成持续的购买。这时候做人的关系是核心，维护老客户和提升复购率是核心。

媒体聚焦 》》

“微商”挑战传统电商模式

——来自新华网的报道

在门户网站已经成为传统媒体的同时，基于移动端的“微商”让正在高歌猛进的电商渐渐成为“传统模式”。

据了解，目前对“微商”这一概念还没有统一的定义，一般指的是在移动终端平台上借助移动互联技术进行的商业活动，或者简单来说，就是指通过手机开店来完成网络购物的模式。同时，微商并非“微信电商”，微信仅仅是微商的一个小的组成部分。

相对传统门户网站式的传统电商来说，微商的投入小、门槛低、传播范围广，弥补了传统市场与电商市场的渠道费等高成本、人员高管理、成本回收慢等问题，近2年来发展非常迅速。据统计，淘宝用了10年的时间，才发展了不到1000万个卖家，而微商仅仅用了1年，就有了超过1000万的卖家。

随着微商规模的不断壮大，微商的影响力也在不断地提升，关于微商的各种会议、论坛也开始不断地出现。首届微商高峰论坛日前刚刚闭幕，参与人数近1000人，包括了众多著名的企业家及知名专家。

但同时，微商在发展过程中也显现出一些问题，例如用法不当、刷屏不断引人反感、三无产品混入等。

而这一问题已经引起了微商行业的重视，并通过各种方式来提升微商的品质。例如，知名微商品牌、澜海国际集团联合全国上百位微商大咖共同创立天使会微商学院，进行系统化微商教学，培养专业型的微商人才，以推动中国微商行业的健康、快速发展。

1.4 微商与传销

据统计，2014年微商市场就有惊人的1500亿人规模。伴随着如此巨大的市场容量，争议也随之而来。最明显的一点就是，微商究竟是新型创业还是变相传销?

根据《禁止传销条例》第二条的规定，传销是指组织者或者经营者发展人员，通过对被发展人员以其直接或者间接发展的人员数量或者销售业绩为依据计算和给付报酬，或者要求被发展人员以交纳一定费用为条件取得加入资格等方式。其目的是牟取非法利益，扰乱经济秩序，影响社会稳定的行为。微商与传销具有如下图所示的相似点与不同点。

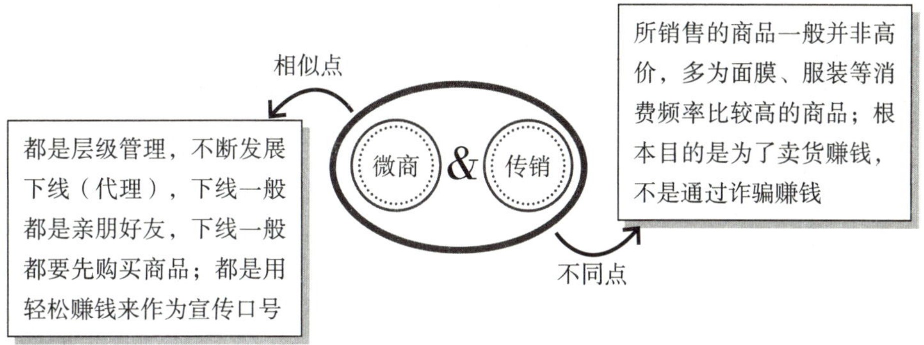

微商与传销的相似点与不同点

传销还具有三个特性：

（1）上线拉下线，发展层级代理。以亲朋好友为发展对象，让你从一个消费者变成投资者。

（2）以推销商品服务为名要求参加者缴纳费用获得加入资格。

（3）像滚雪球一样，通过直销和加盟的形式使这一组织不断壮大。

而朋友圈营销基本上满足上述的各种传销特性。对比之下不难发现朋友圈在传销上的确有它天然的优势：

（1）熟人社交容易下手。所有人的朋友圈里基本上不是亲人、同学、同事就是好友，换句话说，不是一级人脉就是二级人脉。无论是主动加你，还是你主动加别人，第一步就解决了信任障碍问题。这对做传销来讲，为拉下线打下了基础。

（2）真空地带，缺乏监管。微信是个自由开放的平台，因为可以匿名，用户可以随时更改ID号，在双方充分信任的基础上，只要有点蝇头小利，很容易就会受到对方的蛊惑滑入传销。加之，打击网络传销面临的管辖难、查处难问题，各地工商部门受地域管辖的限制只能就本辖区的网络传销活动进行查处，对全国性乃至跨国性的网络传销则无法斩草除根。

（3）发展成员成本低、门槛低。在微信上，无论是朋友圈还是公众平台，推送消息都是免费的，操作起来快捷简单，只要人手一部手机，基本上一键操作，所有的事情都能够全部搞定。

（4）传播效益快。不管是朋友圈还是微信群，这种聚群效应和群体传播的速度非常快。在微信上每个人都有不同的圈子，朋友圈、同学圈、亲戚圈等，大圈子套小圈子，各个圈子互不重叠。封闭式的、私密性的微信社交强化了熟人类型的群体传播，这种熟人的群体传播恰好为传销提供了最便捷的方式。

面对种种情况，微商怎样做才能避免走向传销呢？

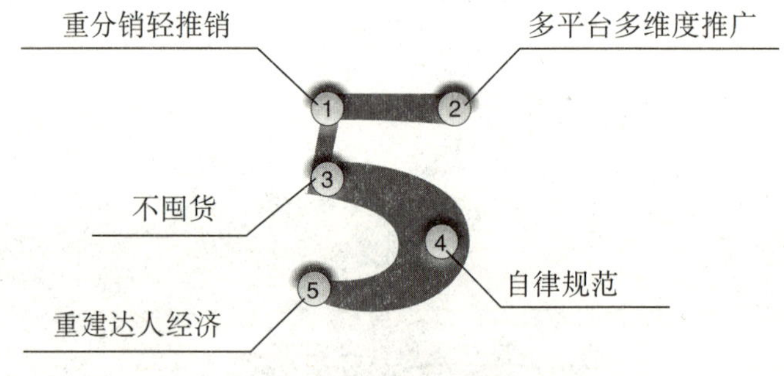

微商避免走向传销的方法

避免01：重分销轻推销

众所周知，现在的微商（朋友圈卖货）赚钱的主要方式是依靠刷屏，刷屏是一种对商业秩序赤裸裸的破坏。这种急功近利、简单粗暴赚快钱的推销方式久而久之必遭淘汰。微商如果想要持久、健康地发展，最好的方法就是用分销来解决刷屏难题。随着移动电商市场的不断扩大，口袋购物、京东微店、微盟等已开启了微商分销的争夺大战。

分销是变革传统零售的有效方式。对传统行业，品牌商可以给每一个分销商开一个独立的后台，针对不同的分销商分配不同的二维码，每一个二维码有唯一的参数标识。每一个分销商不仅可以管理自己的粉丝、订单，也可以发展粉丝，参与分成。这种方式不同程度地解决了供货商与分销商之间利益分成的问题，达成真正的O2O，即线上线下的一体化。

避免02：多平台多维度推广

多平台多维度推广，简单概括就是社会化营销。很多人误以为微信有8亿人的用户天生就是一个营销平台，殊不知微信的封闭性注定了它只能够成为一个用户沉淀平台。社会化营销鼓励的是多渠道流量的聚合和分享，无论是微信、微博还是QQ空间陌生人等社会化媒体，在购物越来越碎片化的时代，因为微商不知道用户会从哪里进来，因此这些分散的社会化媒体都是用户的聚集地。

避免03：不囤货

囤货在哪个行业都是不健康的现象，但是追求一夜暴富的微商都认为做微商就该囤货，对于他们来说，越是敢囤货，就越能证明自己的势能。敢囤货，就会想尽一切办法把东西卖出去，在朋友圈向朋友推销，发展下线，招层级代理……微商做的是一种熟人生意，讲究的是一种信任经济，以囤货和发展层级代理的微商，最后难免会失控，走向灭亡。

避免04：重建达人经济

现在已经进入了全民电商时代，“达人推荐”已经成为用户信赖的代名词，更是影响用户购物决策的关键因素。微信是“大V”和粉丝们的阵地，大凡一个稍有影响力的“大V”，至少有上千好友（好友+粉丝），这些“大V”达人可以利用自己的影响力和公信力为自己认可的产品（品牌）背书，以此来兜售产品。无论是明星达人、自媒体达人还是草根达人，分享和推荐将是他们变现的最好方式。

避免05：自律规范

要想做好微商，从业者必须要做到自律。严格遵守国家有关消费者权益、产品质量、价格、竞争等相关法律法规和行业规范，不以任何方式排除或限制消费者合法权益，杜绝交易中的价格欺诈和虚假广告宣传，保证各类商品、服务信息的真实性，不误导、欺骗消费者，确保公平交易，抵制以分销之名行传销之实的违法行为。

从微信电商的发展来看，微商已是大势所趋，如果将朋友圈微商看作移动电商的雏形的话，那么接下来平台化的微商和由个人向团队机构转型的微商将会迎来“井喷”式发展，而随着这些平台的完善和相关规则的出台，一个新的商业形态将全面到来。

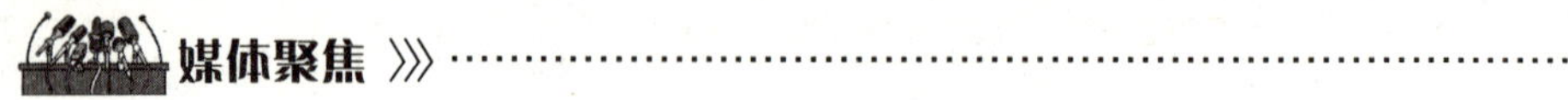

一种新型的“微商传销”正在微信流行

——来自财经网的报道

相信不少人有这样的经历，在微信朋友圈里，发现自己的朋友在宣传叫卖同一类型的商品，而且发布频率很高，宣传语极具诱惑性，且千篇一律地展示商品如何如何畅销，希望加入他们的行列，一起赚大钱。请小心了，这可能是微商传销的陷阱。不过，也有人提出，这是微信直销的方式。那么，我们如何区别“传销”和“直销”呢？可以从以下五个方面来判断。

1．有无入门费

传销的入门费都比较高，到现在往往是以认购产品作为入门的门槛，然后获取加入、再发展下线的资格，而直销是没有这一步骤的。

“微商传销”的入门费是这样变相征收的：要成为某品牌的代理就要先拿货，公司会制定具体政策，比如总代理价格是什么，需要拿多少货；一级代理、二级代理分别享受什么价格，需要拿多少货等等。

2. 产品和价格是否等值

传销的产品往往价格较高，但没有高的理由。一套只值几元的东西，莫名其妙的卖几百，甚至上千元，而直销的产品的价格必须物有所值。

“微商传销”里最盛行的就是女性化妆品，因为这个行业利润最高。几片成本几元的劣质面膜、几瓶简单勾兑的水都可以卖到几百元……

3. 产品是否流通

传销最根本的目的是要“代理”发展“代理”，他们只在意有多少人在“卖产品”，并不在乎有多少人“买产品”，一级一级地发展，最后完蛋的是那些末端的代理们。而直销最关心的是产品在市场上的认可度和占有率，直销必须依赖产品抢市场。

“微商传销”的驱动力永远都是鼓励自己的“代理”发展更多的“代理”，拿更多的货。比如某品牌商的一个激励措施是：只要你到年底拿的货总额到了1000万元，就奖励一辆保时捷！殊不知你需要帮对方赚回三辆保时捷的钱！所以“微商传销”的一个特点，就是他们总是苦口婆心地劝说你成为他们的代理，晒收入、晒豪车，让你跟着他一起赚大钱。

4. 有无退货制度

传销的产品一旦销售就无法退换，或者想方设法给退货顾客设置障碍。而直销会为顾客提供完善的购货保障。比如给一般顾客承诺在购货后7天内退回仍具有销售价值的产品，可获100％现金退款。

5. 销售是否分级

传销公司最讲究是谁先加入，谁后加入，谁归谁管，谁在谁名下等等。每个人享受的待遇不同，政策也不同，是一种等级森严的“金字塔”结构。而且无可更改的是：先来的人获得的利益肯定大于后来的人。但直销就是一句话：“多劳多得！”

把握以上五点，可远离“微商传销”的陷阱。

……………………………………………………………………………………………

1.5 微商与淘宝

微商，不了解的人总是觉得不靠谱，其实微商和淘宝很相似，都是利用网络平台销售产品。

唯一不同的就是：淘宝是在阿里巴巴平台上有一个专门的网站和一个虚拟的网络店铺，而微商就是自己的微信平台和自己的QQ平台。但是做的事情完全一样，不用积货，不用自己囤货，卖一件产品就是一件产品，没有卖出去，也丝毫不用担心自己的产品过时或者贬值。

淘宝是面对所有的网民销售，而微商是面对你自己的圈子销售，所以微商更讲究诚信。因为没有诚信微商就留不住顾客，很多顾客都是自己的朋友，所以做微商，最重要的是诚信经商。

那么，微商时代，网购的最大差异在哪里呢？

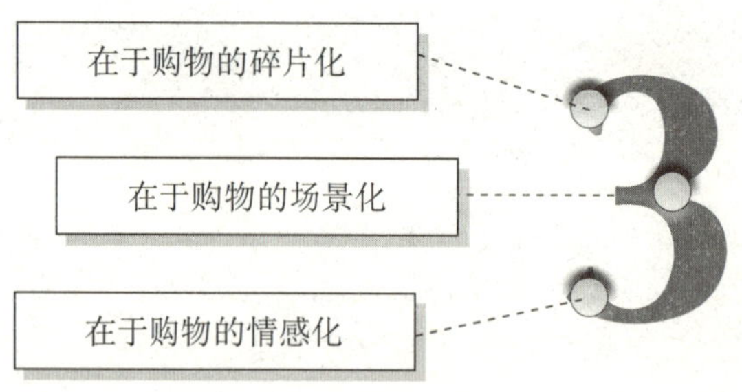

微商与网购的最大差异

差异01：在于购物的碎片化

购物的碎片化，其实很好理解。2014年“双十一”，移动端成交占比由2013年的15.3%猛升到2014年的42.6%，足以见得移动端购物的趋势。走在街上、坐在车上、躺在床上、聚餐吃饭等等的时间里，每个人都在低头看手机、玩手机，除了购物，大家使用的基本是围绕社交软件在玩。不是聊QQ，就是发微信，不是刷朋友圈，就在点赞，发说说。稍微用功点的，可能会看新闻，看篇文章。

所以，无时无刻的手机上网已经成为人们必备的习惯。因为是随时随地，所以就导致时间的零碎，吃饭的时间上个网，上厕所的时间上个网等等，最终连购物也是闪购了。

差异02：在于购物的场景化

购物的场景化，这个可能会比较大。目前来说，场景化也只是初见端倪，还没有大范围地形成。

举个例子，今天，你打算和朋友去购物中心的一家餐馆吃饭，购物中心里面有太多的商家，于是，你找了一家比较有个性的餐馆进去了。然后，在吃饭的过程中，看到该餐馆的角落边上有个商品展示柜，上面有个二维码，然后，你就扫描了下，他推送了一条消息给你，你看了之后，立马就付款购买了。这个东西其实很简单，上面写着：亲爱的顾客，如果您是自己和朋友来吃饭聚餐，如果您在用餐结束后，还有没吃完的饭菜，请您扫描该二维码，即可获得打包盒，为您的家人也带份回去吃吃吧，既不浪费又表达了爱！

于是，你拿着打包好的饭菜回去了。这就是最简单的场景化，是基于线下的场景化。线上的场景化，主要还是表现在营销推广方式的多样化。

差异03：在于购物的情感化

购物的情感化。只要是做过淘宝的人，再来做微商，大部分人都会发愁没有粉丝，没有用户。反而倒是那些没做过淘宝的人，一开始做就有了很多的微信好友，继而慢慢地发展起来了。为什么呢?

其实，原因很简单，做过淘宝的人，首先想到的是怎么去搞流量，只要找到了流量，卖货就不愁了。可是，微商的模式，偏偏是没有流量入口的。

所以，没做过淘宝的人，他们就只知道，微信里有几十个好友，看能不能和他们聊聊，看看他们有什么需要的，说不定能够卖出去呢。结果，一聊，就聊开了，一聊，生意就聊来了。结果，微信好友就记住了你，原来你是卖坚果的，主营是临安山核桃和山核桃仁，而且看你的朋友圈和聊天的内容，都能感觉到你对事对人都是很真诚的，以后有什么需要，就找你了。

可以说这是微商最初期的情感化模式，主要还是以私人情感作为基础，朋友圈作为展示商品的渠道。现在，这个模式已经逐渐突显弊端，所以，必须进一步发展更高级的模式，也就是B2C形式的微商。

依托于微信，其实主要就是利用微信公众账号与本地市场结合，做一个小而美的微商品牌。

未来的微商，肯定不会再走淘宝那样集于一体平台的模式，肯定走的是多样化社交玩法的社交电商模式。你不再是坐在电脑前想尽办法地加粉，而是要走到用户中间，去他们玩的地方，与他们做朋友，谈天说地，自然而然地，他们就会成为你的粉丝。他们面对的也不再是一个生硬冷血的品牌和LOGO，而是一个有血有肉、有情感的人。

微商是否会替代淘商

——来自互联网的报道

有人把通过微信做电商，简称为微商。最近两年，这个名词比较火，经常会听见有人做微商每月赚几百万元，甚至几千万元的消息。后来有人开始把在淘宝上做电商的人叫淘商，利用微信做电商的人叫微商。

先不管定义，微商这两年发展迅速，确实有一拨人赚到不少钱，特别是层层分销压货模式的微商。这种方式，被很多人定义为传销，因为必须靠发展下线经销商才能赚钱。不可否认，确实有一部分人是通过这种方式做的。他们既重视产品，又重视服务，对经销商也不要求压货，做得比较正规。

现在淘宝天猫的集中流量的模式，已经遇到了一定的瓶颈。移动互联网时代，一定会有新的模式来和淘宝天猫进行补充，现在是补充，未来是抗衡。有人说是微商，有人说是社群电商，或许都是吧，需要时间来检验。

总体来说，2015年的微商，还是处于摸索阶段，在某些特定的行业会发展不错，例如化妆品、食品行业等，不会形成大面积爆发，也不会替代淘商。但微商可以作为很多年轻人新创业的方向，也是企业应该重视的方面。

1.6 微店与微商城

随着时代的变迁，移动互联网时代蓬勃发展，各种微店犹如雨后春笋一般随处可见。微店是在移动互联网大潮下，中国第一个实现所有网民“手机开店”的零成本创业项目。

微商城（又名微信商城）是在腾讯微信公众平台推出的一款基于移动互联网的商城应用服务产品。微信商城不仅是基于微信而研发的一款社会化电子商务系统，同时又是一款传统互联网、移动互联网、微信和易信四网一体化的企业购物系统。它可以帮助企业发布商品到微信，在微信中建立自己的商城。利用微信的天然社交群，最大化地使商品在不同的人际网络中流传，加速企业在微信上建立自己的品牌专区，轻松打造微信企业形象，最大化地拓展企业的品牌及销售。消费者只要通过微信平台，就可以实现商品查询、选购、体验、互动、订购与支付的线上、线下一体化服务模式。

微商城是微店的进化版，微店只是商城的其中之一。相比来说，商城的发展优势会更强。微商城是微店进化后的产品，微店只是APP的一个应用。微商城人家可以关注你，可以搜索你，你可以管理客户。

微店与微商城到底有哪些区别呢？

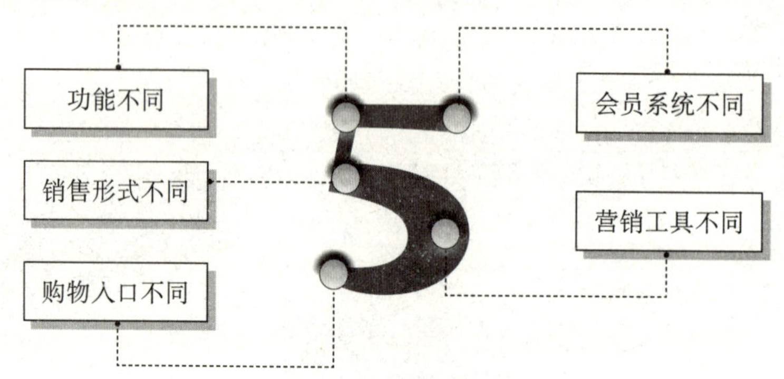

微店与微商城的区别

区别01：功能不同

微商城的功能倾向于满足电商需求，个性化强，可自定义电商规则。

微信小店的功能单一，只可满足一般商品的展示。

区别02：销售形式不同

微商城是针对零售批发同时进行的，商城前台显示价格一样，客户提交订单可根据客户会员等级的不同而价格不同。

微店只能是零售。

区别03：购物入口不同

微商城的入口是手机端、PC端、微信端三合一，数据全网同步。

微店只有关注粉丝才可以进入商家的店，微信是唯一入口。

区别04：会员系统不同

微商城具有会员积分制度。

微店没有会员系统。

区别05：营销工具不同

微商城是客户将商品分享到朋友圈，客户可拿到报酬。

微店没有营销工具。

第二章 大众创业，全民微商

借着2015年“两会”的春风，互联网创业成为众星捧月的热点，不少参会人员都提出了关于互联网创业的议案。对于大多数人来说，微信创业并不是什么新鲜的话题。据相关数据显示，从2013年起，每年平均有超过1/4的“80后”、“90后”选择线上创业。随着移动互联网的崛起，微信的霸主地位如日中天，通过微信创业的人会越来越多。伴随着传统企业转战移动互联网，微信的商业契机也越来越多，那么哪些人适合做微商呢？

2.1 做微商应具备的能力

微信火了、微商也火了，全民微商了，但是有的赚钱了，有的却亏钱了，这是为什么呢？因为每个人都有不一样的品质，不一样的性格，不一样的脾气。那么，到底什么样的人适合做微商？只要你具备了下列几种能力，你大可以放开手脚大干一番，定会有所作为。

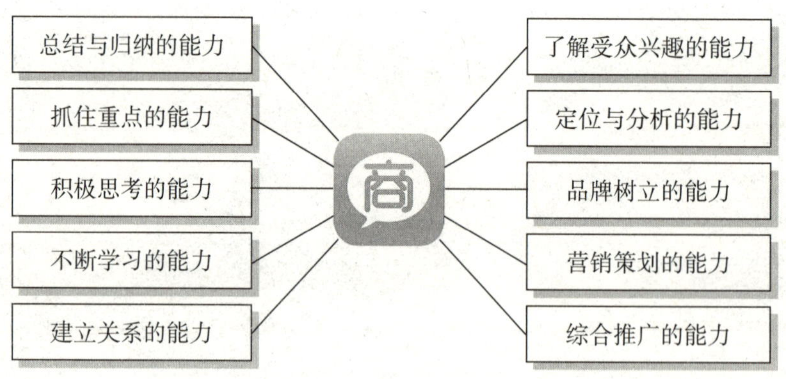

做微商应具备的能力

能力01：总结与归纳的能力

很多微商，只顾着埋头苦干，却忘了去总结。总结与归纳就是能够从浩瀚的内容中总结出对自己有价值的东西，并且能够很好地将其语言组织到位，同时融入自己的理念与观点。这是作为微信运营的第一个能力，也是考验基本功的能力。尤其是做微信公众平台的，你得每日去看看后台数据，看看粉丝情况，看看文章传播的情况，总结出哪些地方做得好的，哪些地方需要改善的！

能力02：抓住重点的能力

找到你平台独特的吸引点，而不是毫无规则乱做内容，也就是能够迅速准确地在众多的微信用户以及所发布的内容当中找到自己想要的，并且能够结合时下的热点以及自己的受众用户的兴趣事物，将其很好地用自己的话呈现在公众面前。同时要做到三点：精、细、美。

能力03：积极思考的能力

一名合格的、出色的微商一定是思维敏捷的，因为他无时无刻不在思考：思考怎样才能让自己的内容更有价值，思考如何提高图文转化率，思考如何使更多的人分享转发，思考如何吸引更多的受众用户的关注以及对该微信整体的策划与方针制定等。

能力04：不断学习的能力

微营销时代，学习不只是停留在书本上面，而是要学习实战，建议多去关注做得比较成功的微信平台，你关注50个平台就有50个老师教你做微营销，不断地去学习他们是怎么做微营销的，把学到的东西运用到你自己的微信营销上。

能力05：建立关系的能力

现在，不是单打独斗的时代，你还在单枪匹马的话，迟早都会被抱团的人击败。在微营销的时代，也是一个资源共享的时代，你要学会去建立属于你自己的人脉圈子，建立你自己的资源圈子，你不仅仅要建立与粉丝之间的关系，还要建立与同行或者其他微信运营者之间的关系，还有其他一些网络平台的运营者、管理者等你都要去建立关系，便于日后联系。

比如说你找到一些优秀的平台运营者，跟他们建立关系之后，可以很好地进行平台互推；或者是与一些网络管理员，当你们成为好友，你可以借用他们的资源帮助你推广平台。

能力06：了解受众兴趣的能力

除了通过一些活动和调查的方式，还可以利用微信平台中的数据统计。了解受众兴趣能力不仅可以让你快速了解你的用户，还可以从中捕捉到很多有用的信息。

比如说你今天发布某篇文章被疯狂地转载，或者发布某篇文章阅读量大增，这些你都要去了解并且不断地做总结的。

能力07：定位与分析能力

定位是非常重要的，也关系到一个公众平台的兴衰存亡，为什么这么说呢？因为定位好你的公众平台，才能创造出更大的价值，否则盲目地去做，运作起来很艰难，所以你要定位好，才能运作得更加顺畅。

微信运营者要有面对整个局面以及企业本身的定位特点来进行企业微信定位分析的能力，从企业本身、行业特点、当下市场和受众用户等方面进行全方位的分析，最终定位。一个成功的微信平台必须要有以下十大定位：账号定位、人群定位、产品定位、营销定位、推广定位、时间定位、运营定位、竞争定位、成本定位和盈利定位。

能力08：品牌树立的能力

打开微信公众平台首页，清楚地看到一句话“再小的个体，也有自己的品牌”，所以微信公众平台提供了良好的商机，能更好地推广自己的品牌，不仅仅可以为自己个人创造品牌，也可以为企业创造品牌。但是，你要怎样做才能树立自己的品牌？这就是微信运营者必须要清楚知道的。

能力09：营销策划的能力

目前大部分的微信公众平台运营者都不知道怎么去做营销，还有很多的微信营销是停留在发广告的思维上，认为发一条广告出去，有人来埋单，这就是微信营销了，其实这只是表面上的了解。

也有很多的平台，营销一次效果还好，想要进行第二次营销，那就变得不容易了，这也是微信营销遇到的一大难题。营销策划是根据企业的营销目标，以满足消费者需求和欲望为核心，设计和规划企业产品、服务和创意、价格、渠道、促销等一系列的策划，从而让平台上的粉丝主动地来购买你的产品。

温馨提示

营销最忌讳的就是发“纯广告”。什么是纯广告？也就是信息里面只是介绍你的产品名称、价格，这样只能骚扰你的粉丝。

能力10：综合推广的能力

有了平台，没有推广，单靠自然来的，是非常慢的。有人说，微信是营销神器，因为有了微信，商家第一次可以进行精准化营销，第一次与消费者建立了亲密、平等、交互的关系；有人说，微信是实体优惠卡终结者，微信的出现让商家与消费者的联系更紧密，实现O2O闭环，商家可以挖掘出诸多商业价值……

影响微商成交的五大因素

微商怎么做？其实货源或者推广相对来说都还算容易，最难的就要数如何成交了。下面具体介绍影响微商成交的五大因素，可以给做微商的朋友一些启示。

1. 微商身份定位

无论是线下还是线上又或者是做人，我们每个人都要有自己的身份，也可理解为个人标签、个人品牌、个人符号等，当别人看到这些或者想到这些就能想到你、记得你。之所以谈身份定位是因为看到很多代理商在做微商的时候，同时在销售很多行业的产品。

如果你上午发面膜产品广告、中午发养生产品广告、晚上再发个鞋子的广告，请问如何让别人相信你卖的东西是好的呢？如果选择产品不对，面膜出了问题，那你卖的其他产品也同样可理解为垃圾。

这样的微商们太急功近利，太想赚快钱，往往忽略了专业的才是持久的，才是值得人信赖的。

2. 成交前的准备

在定位好自己的身份后再选择产品。产品选择前要对产品进行充分的了解，一般参考几点：品质（自己先购买体验）、价格（是否匹配你朋友圈的消费能力）、对比（同类产品进行优劣势对比）、公司配置（协同资源有什么）、问题（罗列自己的不足）。

做好以上事情后再来研究你目前的朋友圈，寻找目标客户，前期微信圈一般都是自己身边相对熟悉的人，找到他们对自己代理产品的需求点有哪些？找到自己代理的产品能为他们解决什么问题？做好标示为以后发布文案做准备，你的文案更多的是解决他们的问题而不是产品是如何的好。

3. 成交后跟踪

在销售领域，有这样一句话："销售不跟踪，最终一场空。"完成成交后，其实销售才刚刚开始，因为这时候你要进行回访，也就是客户跟踪。这样做主要有两个目的：

（1）搜集客户体验信息，有没有问题？问题是什么？是哪里产生的问题？然后将搜集的问题整理罗列，便于下次调整，避免再犯同样的错。给客户一种重视和尊重的感觉，你不只是为了卖给他产品，更关注他的意见。

（2）加深他对你产品的印象，背后的声音就是提醒他如果需要再来购买。再者说开发新客户的成本是维护老客户成本的10倍不止。这个成本不只是金钱，更多的是人力和物力。微商的销售更多的是靠口碑，在这个渠道客户倍增，老客户更是重中之重。

4. 成交中服务

在跟目标客户交流时不要太任性，一上来就讲产品如何如何的好，这是典型的王婆卖瓜。在沟通过程中要探询需求，以水果篮产品为例，问：自己吃还是送人？送什么样的人？（了解送的对象年龄、性别、职业等）。需求了解后再进行产品推荐，与客户沟通产品给对方带来的好处（这时需要明确你推荐的产品能给对方带来什么好处），并进一步探讨问题，了解客户对你所说的以及产品带给他的好处怎么看？有没有什么意见？

5. 要求转介绍

转介绍在某种程度上来讲是水到渠成的事情，这也是为什么前面要做好成交前、中、后的重要性。老客户一定要服务好，谁没有三五好友。而且客户好友一般都是跟客户消费能力比较接近，就是所谓的圈子了。朋友圈惯用的晒图分享，其实也是为了达到这个目的。

最后建议各位微商朋友们不要想一蹴而就，因为这种可能性比较小，定好自己的位置，选好产品，慢慢地去经营，做好自己的口碑。

2.2 微商创业的要点

目前全球正以迅雷不及掩耳的速度，从传统的PC电商转向移动电商，而移动电商最重要的代表就是微商，微商可以推动全球电子商务的发展，同时也可

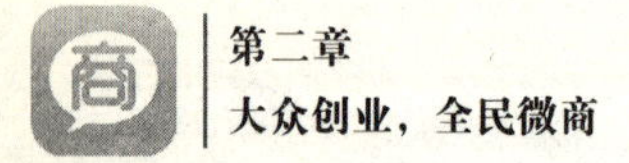

以改变电商的全球格局。

微商，这个新兴的名词，现在是饱受争议，反对它的人，说它命不久矣，支持它的人说它是传统电商的颠覆者。然而，无论大众怎样评价，微商，朋友圈卖货，仍然以万马奔腾之势席卷而来。那么为什么这么多人涌入微商这个行业呢？主要有以下三个方面的原因。

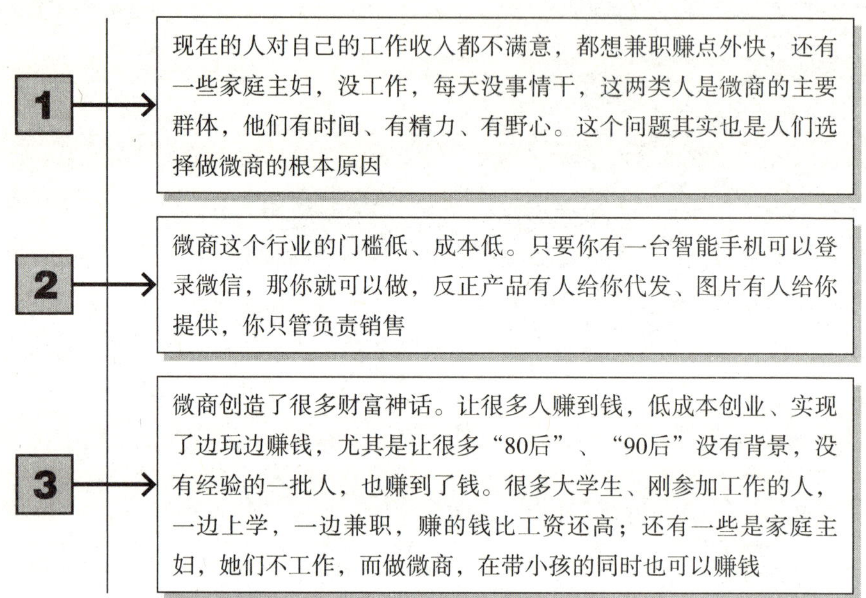

涌入微商行业的原因

创业，对于绝大多数的人来说，迈出第一步都很艰难，更要具备高于常人的勇气。幸运的是我们更多看到的是迈出第一步后获得的成功。

马云在创建阿里巴巴之时四处碰壁，而第一批进淘宝开网店的电商更是不被实体店零售商看好，有的人更是嗤之以鼻。事实证明，那些年第一批敢于尝试做电商的人大多数都获得了成功。而现在的微商正在复制电商成功的模式，这一次他们更加贴近生活，更加关注生活。

移动互联网时代，微商崛起的速度确实让人吃惊，许多大众草根都加入到了这个热门行业当中。那么作为大众想要通过微商创业，需要掌握哪些要点呢？

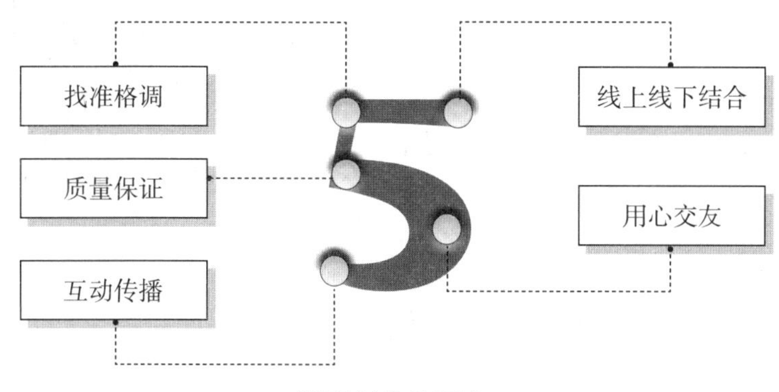

微商创业的要点

要点01：找准格调

首先是要锁定产品的格调，专门针对某个品牌或是某个产品来做，不要像个杂货铺一样什么产品都去做。产品做精了，自然加深了顾客对你的印象。若产品多而杂，那顾客可能永远不会记得你是做什么产品的。

要点02：质量保证

产品要自己去试用与体验，品质质量要过关才能去做。一款有实力的产品，配上诚实的宣传才是王道。产品的质量不达标，会影响到你的个人信誉。

温馨提示

三无产品虽然会在价格上更优惠，在活动上更具吸引力，但是品质没有保障。一旦出现问题，很容易全盘皆输，彻底葬送自己的微商历程。

要点03：互动传播

有些刚入行的新手可能一开始就是在朋友圈或是空间发大量的图片与介绍，次数多了肯定会被好友屏蔽。建议新手不要一开始就把产品秀出来，多几层铺垫，多与好友互动，引起他们的好奇心，等到时机成熟了再秀产品，这样的效果肯定会比你在朋友圈大量发图要好得多，也不会让好友对你的产品产生排斥感。

要点04：线上线下结合

当生意越做越大时，就会出现囤货的现象，像这种情况就可以结合线下实体店的朋友一起销售。多参加一些交流聚会，将线上的朋友转成现实中的好友，达成线上交流、线下互动的良好信任关系。

要点05：用心交友

朋友圈好友多并不能代表什么，比如你的好友有5000多个，但他们不跟你互动，不跟你交流，完全不信任你，那这些好友对你的产品销售并无多大意义。反之，你的好友只有300个，但你们的互动与交流都很到位，他们只要有1/4的人信任你，那么对你的产品销售就可以起到很大的帮助了。

综上所述，做微信创业最重要的是用真心，不管是对产品质量的把控，还是与准顾客之间的互动都要用心才能长久。

微商的误区有哪些

我们都知道，现在微商大肆兴起，每个人都想借着微商来赚点钱，但是微商出现了很多的弊病，有些甚至会被拉黑屏蔽，为了帮助大家做好微商，今天就跟大家分享一下微商的误区有哪些？

1. 目标不明确

做任何营销，都会有营销目的，你是要卖服装还是卖护肤品。你是要做零售还是要做批发。很多微商朋友没有一个准确的目的。人家发广告，你就发广告；人家海量加粉，你也去海量加粉。

建议：先找到自己的定位。自己要干什么？根据自己的特点，分析你会吸引到什么样的粉丝，她们的需求又是什么，研究一下应该卖什么东西，再去想应该怎么卖。

2. 忽视反馈

微信营销最大的特点，就是互动，如果没有互动，就失去了微信本该有的价值。你总是只知道发图片，发广告。不断告诉别人你的面膜很好。不断告诉人家你卖得很好。你却不知道，看看你的粉丝都是什么反映。你也不去评论人家的朋友圈，也不去看看别人的心情。人家评论你了，你也不知道回复人家，和人家打得火热。

建议：多发一些能引起别人评论的内容。别人一旦评论就要和别人互动，聊感情聊事业聊人生。粉丝感兴趣什么你们就聊什么，聊着聊着你们就熟悉了。熟悉了就不再是陌生人。你再卖东西给他，他就不排斥了。当别人发了一个心情的时候，一定要去评论人家，要猜猜看他在干吗，你的评论内容要走进他们的内心。比如他发的状态有可能失恋了，那么你就得安慰她。有一些内容，不痛不痒，你不知道怎么评论，那就多点赞。人家发朋友圈无非就是要大家来看的，点赞表示你看过了，让他知道一下。

3. 群发鸡汤

比如，早上一起来，就会收到各种心灵鸡汤。有很多微商认为，每天一定要问候一下自己的朋友才行，于是不断地发些所谓的心灵鸡汤。

建议：停止发心灵鸡汤。如果你真的想问候他们，不如和他们聊天。你可以发这样的话："好久不联系，最近怎么样？"

4. 疯狂加粉，不求质量

微商最忧愁的就是没有朋友，朋友很少。于是很多微商求快，找了各种点赞公司，互推公司等给你爆机。但是大部分的爆机推广都是僵尸粉，如果不是僵尸粉也都是和你一样想要加入的人。

建议：不要急于求成，一天十几个十几个来加，这样积累起来的都是精准的粉丝。哪怕你用上半年积累到一千人，那你下半年就可以等着数钱了。有精准客户是基础，如果没有这些，你做什么都是没有用的。

5. 昵称签名胡乱弄

昵称和签名是最容易让人记住你的。很多微商会把自己的昵称用上各种符号表情，然后取一些乱七八糟的名字。这样不仅让人记不住，还容易让人反感。签名也是一样，什么广招代理啥的，很多人看了一下子就把你删除了，一想就害怕你刷屏做广告。

建议：昵称的原则就是“你是谁+你做什么”。昵称建议不要经常换；签名不仅要告诉人家你是干吗的，还要让人家知道关注了你有什么好处。比如“我卖面膜不刷屏，每天都有试用装，看看你有没有份”。

6. 要么不更新，一更新就刷屏

人们大都是利用碎片时间阅读微信内容。朋友圈刷新的速度是非常快的，如果不能及时更新信息，会慢慢被用户忘记。很多微商学员经常要么一两天都不更新，一更新就是一下子两三条，直接刷屏。

建议：每天都要更新内容，而且要注意自己的节奏和规律。你要知道一般人的微信都只是两百人左右。你要是半小时就更新一次的话，在人家的朋友圈里面你就连着刷屏了。一般三小时左右更新一次。注意自己的规律。早上六时要更新一次，起床第一件事情看朋友圈，这时候你一定要出现在她的朋友圈里面。

做微商，说简单真的很简单，一台手机，一个微信号就可以了。但是说难也很难，最重要的是不要掉进微商死胡同，远离这些误区。

2.3 大学生创业，试水微商

现如今的高校内，有这样一群“创业者”，他们敢于“吃螃蟹”，虽然没有多少资金，却不乏新思路。当大多数同学还在把微信、微博当作娱乐社交软件时，他们早已经把微信、微博当作了创业利器，他们，就是大学生微商。

即将从山东大学毕业的小马已做微商代理2年，月收入已从最初的几百元骤增到3000多元。重庆大学大四学生小文说：“很多大学生其实是把微商当兼职来经营。”这些大学生在踏上微商道路前，多曾发过传单，站过柜台，还有一些在公司和工厂打过工。小文说，做微商除了能接触社会，锻炼营销能力，最主要的是能挣到钱，减轻父母的经济压力。

微商作为一种不需要太多成本的创业模式受到了不少大学生的认可，建立在熟人基础上的社交平台成了他们最好的创业舞台。大学生创业的优势显现在以下几个方面。

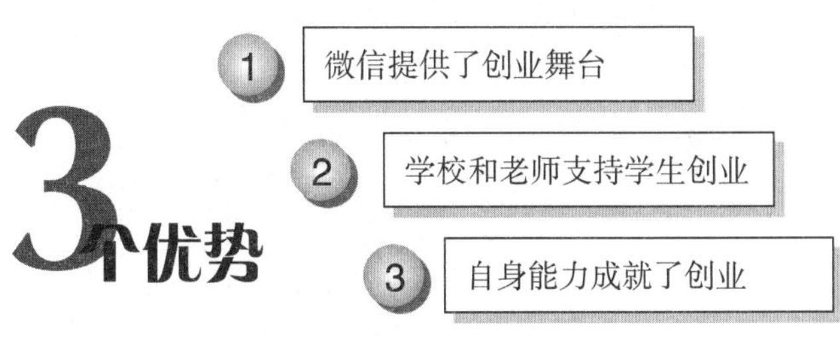

大学生创业的优势

优势01：微信提供了创业舞台

一名在校大学生说，当初想到做微商是想自己尝试一下，同时也充实一下自己的大学生活。作为面膜代理商的她表示，微信营销选择产品很重要，一定要选择可持续购买的损耗品，否则就很难做大，无法产生循环购买就不太可能赚到钱。说到收入问题，她笑着说："我只能说收入比较可观。"

另有一个大学生，则通过微信卖水果。"只要扫二维码加我的水果微信就可以订购各种水果，而且我还送货上门，所以受到不少宅客们的青睐。"当问到是否会影响学习时，他表示，多少都会有点影响，"但是我觉得大学校园不应仅仅局限于课本知识上的教学，还要有实践心得嘛"。

现在有不少大学生在做微商，因为门槛低、成本低，对时间比较充裕的大学生是个不错的创业选择，不仅锻炼了自己的实践能力，还能收获一笔"小金库"。

优势02：学校和老师支持学生创业

一位大学老师表示，面对国内严峻的就业形势，很多大学生在校期间就开始各种兼职或者创业，大学生微商已是校园里比较普遍的一种现象。作为一种社会实践活动，在平衡好学业和社会实践的基础上，学校和老师是支持学生积极参与的。

这位老师还表示，通过做微商，大学生不仅可以积累社会经验，也为将来的社会创业打下了一定的基础，对大学生们是个不错的锻炼。不过他也强调，大学生做微商要合理分配好自己的时间，不要让学习和实践相冲突。

优势03：自身能力成就了创业

大学生创业主要是由在校大学生和大学毕业生群体组成。现今大学生创业问题越来越受到社会各界的密切关注，因为大学生属于高级知识人群，并且经过多年的教育往往背负着社会和家庭的种种期望。在现今社会经济不断发展就业形势却不容乐观的情况下，大学生创业也自然成为大学生就业之外的新兴的现象。

创业是一条艰难但又充满激情的路。大学生创业需要具备哪些基本能力才能更有优势创业成功呢？

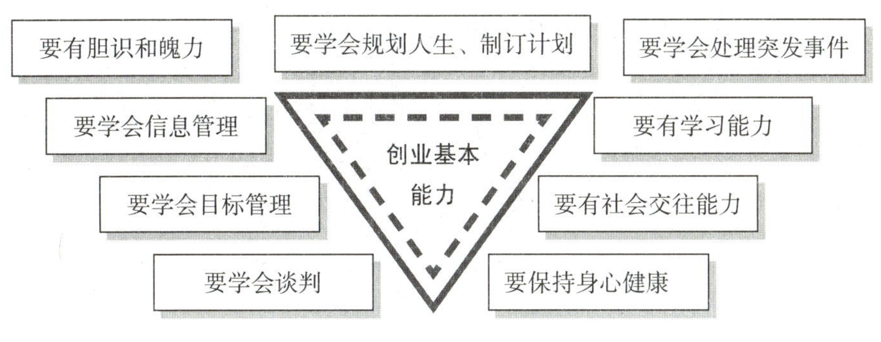

大学生创业应具备的基本能力

1. 要学会规划人生、制订计划

这一点对年轻人来说，是不容易实现的。尤其是大学生刚出校门，对社会和自己的认识还非常有限。要想清楚地知道自己以后发展的方向在哪里，仅靠自身的苦思冥想是找不到答案的。最好的办法就是通过自己去观察别人，征求“过来人”的意见，再结合自己的实际情况制定一些小的目标，通过确定和实现这小小目标，再慢慢地开始规划自己的人生。

在创业过程当中，要经常性地提前计划或规划一些事情。在制订计划的时候一定要综合各种因素，形成切实可行的动作分解，要将任何可能的细节都考虑在内。而在实施的过程当中，要针对当下的具体情况进行，适时做调整。运营需要强有力的计划管理能力，只有具备这一能力才能让自己更靠近成功创业之门。

2. 要有胆识和魄力

作为创业者，你的一举一动都左右着创业的发展走向和兴衰。前期创业者可能会广泛地征求亲朋好友的建议，一旦自己能够独立自主后，就必须要通过自己的智慧和胆识去决定各种大小事务。当在自主地做出决策时，谨慎是必不可少的，一旦优柔寡断可能就会失去一个绝佳的商业机会。同时，决策的胆识和魄力一定是要建立在深思熟虑的基础之上，既要选择风险小又要兼顾利益的最大化。

3. 要学会信息管理

创业者每天都会通过不同的渠道接触各种信息，如：竞争对手又开始降价了；厂家又有新政策等等。如何从大量的信息里筛选与自己相关的，再从与自己相关的信息里找到有效的，这需要长时间的锻炼。只有正确的、有效的信息才能指导自己店铺的各项工作有序开展。对于大学生创业者而言，由于缺乏大量的社会实践经验，所以在接触各种信息的时候，难免会有失偏颇地做一些决定。当大家对信息无所适从的情况下，可以向过来人进行请教，加以甄别。要在观察的过程当中，不断地提高自身管理信息的能力。

4. 要学会目标管理

开店创业必须要有明确的目的性。在不同的创业阶段需要制定明确的目标，把目标进行细致化的分解。要想得到长远发展，那么必须得有长远的发展目标，长远的发展目标又可以按阶段分解成不同的小目标，而这些小目标又可以分解到每个相关人。在这个过程当中，作为创业主导者，就需要对不同的目标进行统筹和管理。

5. 要学会谈判

创业者在人际交往过程中，与人谈判的情况必不可少。谈判对创业者的要求是综合多面的，要求创业者有一定的语言能力、心理分析能力、人文素养等。要想在谈判当中占得主动地位，必须要有很强的谈判能力。杰出的谈判能力能够让创业者在谈判过程当中直接获得更多的利益。

6. 要会处理突发事件

在创业过程当中，会不可避免地发生一些突发事件，而其中很大部分都是创业者想避免的。然而当事情发生的时候，需要创业者更为积极地应对。如果这些事情处理得当的话，还能起到广告效果。通过用心地服务向顾客传递了负责任的形象。处理好每次的突发事件，化险为夷甚至通过这些事件的妥善解决，让顾客更加认同你，再借由顾客之口，为你不断地传播好口碑。

7. 要有学习能力

现代社会要想不断地取得成功，必须具备持续的学习能力。市场和行业的竞争日益激烈，大到一个企业小到一个人，要想力争上游，那就必须比竞争对手更快地掌握更多的知识，通过不断的学习使自己处于不败之地。对于大学生创业者而言，除了学习书本上的理论知识，更要重视学习其他方面的综合能力。

8. 要有社会交往能力

良好的人际关系，不仅能给人生带来快乐，而且还能助人走向成功。大学生创业者在开始创业后必将会接触到各种不同类型、身份的人，而接触的人大多都是跟自己的利益相关的。所以，创业者从创业最开始就要学会跟各种人打交道。要尽可能地去结交人脉，认识朋友，舍得给自己投资。在与前辈们的交流和学习过程中不断地认识到自己的不足，有针对性地加以完善。

9. 要保持身心健康

身体是革命的本钱，创业者只有身心健康才能够支撑一切的打拼和奋斗。虽然，为事业拼搏而废寝忘食的精神非常值得肯定，但是，终究不能视之为常态。一般创业初期的创业者都会经历旺盛，一旦投入工作中都很难自拔。所以，创业者在创业的过程中一定要注意劳逸结合，切莫因为太拼而让自己的健康状况下滑。

温馨提示

大学生学习生活比较清闲，对于网络的应用得心应手，如果做微信营销更加如鱼得水。即使毕业后离开本地，移动互联网不受地域局限的优势也不会对生意有丝毫的影响。

媒体聚焦

鼓励大学生创业可以“微商”为突破口

——来自新华网的报道

“从目前情况看，大学生创业的比例比较低，与国家倡导的以创业带动就业的要求还有很大差距。随着互联网技术应用的推进，大学生创业的环境发生了巨变，今后要多考虑以‘微商’为抓手，推动更多大学生创业。”全国人大代表、江西师范大学校长梅国平说。

他介绍，所谓“微商”，目前在学术界并无统一定义，一般意义上大家认为它是以个人为单位，利用移动互联网环境所衍生的载体渠道，将传统方式与互联网相结合，可移动性地实现销售渠道新突破的小型个体行为。通俗说，“微商”就是在移动端上进行商品售卖的小商家。

梅国平认为，与传统商业“捆绑代理商模式”不同，“微商模式”投资门槛低，而且不必构建系统的网络渠道，对创业者的商业经验要求几乎为零，大学生只要投入时间均可尝试。推进“微商创业”，对大学生体验创业、熟悉管理、积累经验有很大助益。

“可以说‘微商模式’将是大学生创业的主流业态之一。”梅国平建议，为让更多的大学生“愿意创业、敢于创业”，应完善现有大学生创业政策，包括创业教育、市场信息咨询、金融支持、风险预警、创业失败后的心理疏导等。

“首先，可将创业教育课程作为大学课程开设，培养大学生的创业意识，提高其创业基本技能；其次，要以市场化、专业化、集成化、网络化为导向，鼓励开展以移动互联网络技术为依托的特色专业化创业活动；此外，简化登记手续，为以‘微商模式’创业的大学生提供便捷的网上工商注册服务，同时规范其经营行为。”梅国平说。

“鼓励大学生‘微商创业’，符合‘互联网+’的思路。”他说。

媒体聚焦 》》

世界微商大会最具人气大学生微商奖：青春激情铺创业之路

近日，新浪山东从山东××职业技术学院获悉，该校电子信息学院张××同学参加了在浙江举行的2015首届世界微商大会颁奖典礼，并获得了“最具人气大学生微商奖”，全国共有八名同学获此殊荣，张××同学是山东唯一的获奖学生。

据介绍，2015首届世界微商大会是由中国电子商会微商专业委员会主办，义乌市人民政府与微商界联合协办，微赛中国承办的一次盛会。大会以“连接@共赢”为主题，围绕“连接改变世界，共赢未来商业”的主线，同与会的嘉宾重点探讨的是移动互联网的发展趋势、2015年的微商发展前景、微商与国家“全民创业、万众创新”的战略的偶然与必然，以及带动跨境微商、农特微商、公益微商与大学生微商的全面发展等问题。中央电视台、新浪网等主流媒体对此次大会做了报道。

张××是全国大学生移动互联网创业大赛××微商团队的队长，她所带领的团队目前在全国大学生移动互联网创业大赛中销售收入排名全国第二，张××同学在移动互联网创业大赛中一周内单人业绩已突破万元，个人销售业绩目前排名全国第一。

2014年9月入学后，张××同学便展示出优秀的商业才能，她积极参与各类商业活动、创业实践。寒假期间，她开设了自己的第一家网店，并取得了不错的收益。本学期，在微商大赛的吸引下，她又成立了自己的销售团队，并摸索出自己的销售模式，招揽线下推广人员，所获收益足以支撑自身学费及生活费开支。

她平常注重理论学习，课余时间，经常在图书馆学习营销策略等知识。大赛销售期间，她自掏腰包，主动去相关网点实地参观学习，参观回来后，主动与团队成员分享参观学习的经验。在浙江参加微商大会期间，她不仅仅在自己的展厅工作，还主动与其他竞争对手交流，实现双赢。此外，张××同学热心公益，积极参加各类志愿者服务活动，经常通过支付宝平台向“壹基金”平台进行公益捐款。

她的勤奋铸就了神奇，张××始终相信践行“大众创业、万众创新”的理念，她梦想在未来成立自己的企业，并帮助更多想创业的大学生实现创业梦想。

2.4 上班族创业，兼职微商

“工资没有物价涨得快”是现在很多上班族的共识，一些不愿降低生活质量的上班族开始寻求“兼职”。而“微商”以其门槛低、操作简便的特点受到上班族们的青睐。

王浩在武汉一家大型公司做程序员，老家在农村，三四个小时的车程，逢年过节回家，都会从老家带回满满一车的土特产：自家产的大米、腊肉、豆子、菜籽油、父母喂养的土鸡土鸭……带到公司马上就分完了，同事们都抢着要老家的东西。现在，放心食品是社会的稀缺资源，人们越来越喜欢吃新鲜、安全、绿色的食材。

去年回老家的时候，王浩看到老家的乡邻们家家户户都养着土鸡，卖土鸡、土鸡蛋要到很远的集市上，就想着为家乡人帮些忙。

由于精通互联网，王浩萌生了做微商的想法，还注册了微商城。因为老家有产地，互联网又可以帮忙建立销售渠道。这样既可以帮助老家的乡邻，又可以帮助城里的同事朋友们吃上放心的土货。

现在，王浩的微店十分火爆，土特产不仅在朋友圈内卖得很好，在武汉市区也卖得很好。土鸡蛋、大米、土鸭、土鸡、土鲫鱼，返乡采购、选货、包装、配送……这些都取代了编程的代码，成为王浩每天的工作内容。

兼职创业，对于那些想要有所成就，并稳妥地过渡阶段的人来说，是最合

适不过的了，这样的风险比较低，而且也更能够让自己的钱包充裕。尤其对于那些目前在一线大城市的人来说，工作压力会比较大，可以通过兼职的方式来丰富自己的财力，在不放弃目前工作的同时，也能够让自己的钱包鼓起来，这是十分有必要的，也是比较可靠的一种方式。在此，对上班族兼职微商的人给一些建议。

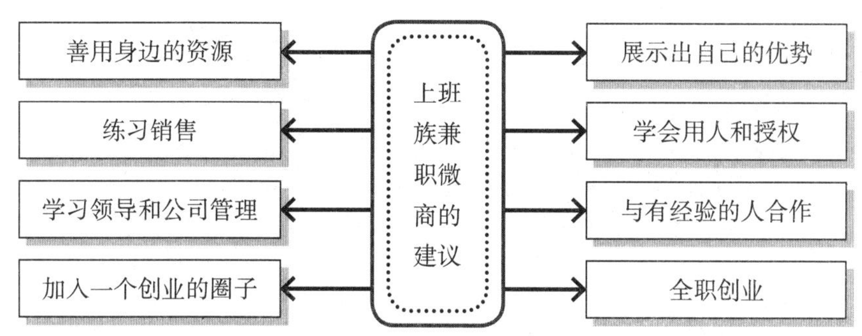

上班族兼职微商的建议

建议01：善用身边的资源

上班族比一个全职的普通创业者有一个优势，那就是上班族身边有一群同事，可能还有客户，自己的公司又有产品，同时也对自己的行业很熟悉，在这些资源的背后，一个有眼光的创业者其实可以看到很多商机。

比如，你在房地产公司做财务，而你们公司有非常专业的财务运算软件和保护系统。通过这个渠道，你就可以兼职做微商，利用公司提供的资源，卖软件的保护系统，这样还可以结识全国各地房产公司的财务。所以，上班族，完全可以问问你自己身边有些什么样的资源可以使用。

建议02：练习销售

一定要把握各种机会去学习和练习销售。因为任何一家公司都一样，只有销售才能拿到营业额，才能养活整家公司。作为创业者，未来你需要向你的员工、客户、合作伙伴、供货商去销售你自己的产品，你的创意，你的商业

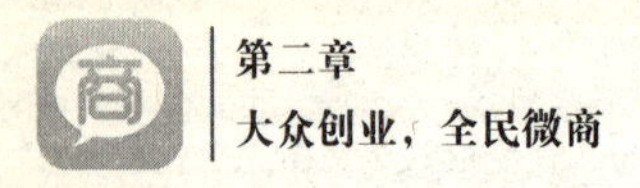

计划。

建议03：学习领导和公司管理

作为上班族，你在公司工作，就可以学到整家公司的运营，跟着领导学习管理，通过你的下属去锻炼你的领导能力。未来的创业一定是团队和资本的世界，不要指望自己单干。所以趁着上班的机会，好好珍惜，好好研究公司的管理。

建议04：加入一个创业的圈子

前面讲的是善用公司的资源部分，其实一家公司能够活到现在，一定有它的核心竞争优势，仅凭这一点就值得我们学习。加入一个创业的圈子，意味着让自己身边出现更多的创业者。近朱者赤，近墨者黑，想要成为什么样的人，就跟什么样的人在一起，这是最最基本的道理。所以，对于上班族来说，去融入和加入一个创业的圈子是最重要的，圈子意味着资讯、人脉，很多资讯只会在圈子内部流传，所以即使是收费的圈子，你也要加入。

建议05：展示出自己的优势

当你加入一个圈子以后，你自己的优势要逐渐地显示出来。有人也许会说自己什么都不会，其实一个人已经活了几十年了，总有一样东西是自己的优势。如果实在没有优势，那么请你从现在开始去打造自己的一项优势。

比如销售、心理学、日志软文营销、股票期货投资、开车等等，有了自己的优势，才能更好地被圈子认可，也会拥有更多合作和资源整合的机会。

建议06：学会用人和授权

因为你一直在上班，所以对于雇人工作会很不适应，每个月给工资找人干活，自己的生活和收入还没有着落，还要付钱雇人工作，有点不愿接受。但是，你一定要学会用人，不可以事必躬亲，否则你永远都不能做大。

建议07：与有经验的人合作

当你加入了圈子，有了自己的优势，有了自己的团队，就会开始有人跟你合作了。跟他们合作，注意做好学习的准备。任何一个领域都不属于新人，而一个项目可能涉及20个领域的专业，你最多只能懂2～3个领域，所以这个阶段是你超级积累和爆发的时候，你的收入会开始井喷，你的项目经验也会以指数增长。

建议08：全职创业

等你的项目收入逐渐稳定了，这个时候你就可以考虑离职了，因为你的项目、团队都已经建立完毕了。这个时候已经顺利地完成了转型，接下来你的时间，你的收入都将是自由的。任何一个行业都有自己的游戏规则，所谓的暴利永远都不属于新人。一个新人要成长为一个日收入上千元的老鸟，最少需要半年的时间积累。

微商创业者的三条准则

——来自大河网的报道

微商的兴起也在理所应当之中。面对这么多的使用群体，只要合理利用，做微商群体的兴盛也是有可能的。但是现今摆在我们面前的是：怎么从中发展自己的商机？面对自己的朋友圈，面对关注自己的群体，如何去做？做的时候着重点是什么？我想大家真的应该好好考虑一下，毕竟微商要利用的资源其实有很多。

1．微商要善于利用圈子效应，锁定潜在客户

从最普遍的微商困境来看微商的失败之处往往在于选对了平台却选错了对

象。微信、QQ的确拥有巨大的流量资源，但是却并不等同于客户资源，毕竟需要购买商品的群体和你的朋友并不能完全重合，怎样正确筛选你的客户群是微商得以发展的前提。也就是说，我们要寻找需要我们产品的客户，这便需要圈子效应。

2．微商要巧妙利用人际关系纽带，促进二次营销

微商的优势之处在于：微商和客户之间往往存在交易之外的关系，很多客户往往大家彼此之间认识，或者有共同的朋友，简而言之，因为这层关系的存在，人们更倾向于购买微商销售的产品。但是，我们应该警醒的是，促成这单交易的绝不是仅仅的道义支持，而更是发自深层的信任感，试想如果你的产品质量差劲且售价高于同类产品，那么就难以促成二次交易。

3．微商独具平台优势，可以迅速形成口碑

提到微商的优势我们不得不提自媒体的传播效应，网络时代转发只需动动手指，而带来的效应却是不可估量的。朋友用过的哪款产品效果好，马上就可以一传十、十传百地传播开来，传播速度甩实体店几条街。正是因为网络时代的便捷之处，越来越多的朋友才会投入到浩浩荡荡的微商大军中来。朋友和朋友之间传播带来的收益往往超出我们的想象。做微商，并不怕没有顾客，只怕不会经营的人，发一些用户分享，或者自己对产品的体验，往往比那些天花乱坠的广告更加吸引人的眼光。

2.5　主妇创业，触电微商

男主外女主内的思想在中国根深蒂固，就算在现代社会，女性为了家庭和孩子放弃事业，在家当家庭主妇的例子也不少见。可是作为新时代的女性，很多年轻妈妈都宣扬要经济独立，安心当家庭主妇并不是她们的本意。互联网的普及和微商群体的出现为这些家庭主妇提供了在家创业的良好契机。

阿芳，一名“80后”家庭主妇，因为是全职妈妈，每个月都要跟老公伸手拿生活费，生活没安全感，感觉日子过得特别没意思。

今年7月，她偶然看到朋友圈好友在卖面膜，就买了两盒回家试试，用完后发现效果非常不错。于是想多买点回来用，而且还“买五送五”，就一口气拿回了10盒面膜。

炎炎夏日，隔两到三天敷一次，很快也就用完了。因为在朋友圈里晒的美图，一石激起千层浪，引发了很多朋友们的关注与兴趣。原本打算给自己用的10盒面膜，几天内就被抢购一空。

通过这件事，也让阿芳发现了做微商的巨大商机，而且面膜品质朋友都说好，她很开心既能赚点钱，又能得到大家的认可。

功夫不负有心人，阿芳凭着自己的勤奋与头脑，现在已经成为管理上百人的高级代理商，月收入最高能达上百万，赚得比老公还多。

许多家庭主妇每天的生活都很简单，除了照顾家庭外，有大把的时间供自己支配，但她们并没有让时间白白流走，而是做起了微商，主妇已成为微商群体中的中坚力量。

做微商，既不占用宝贵时间，还可以有很不错的收入，对于零收入又足不出户的全职主妇来说，是再好不过的选择了。下面来看一下主妇创业都有什么优势。

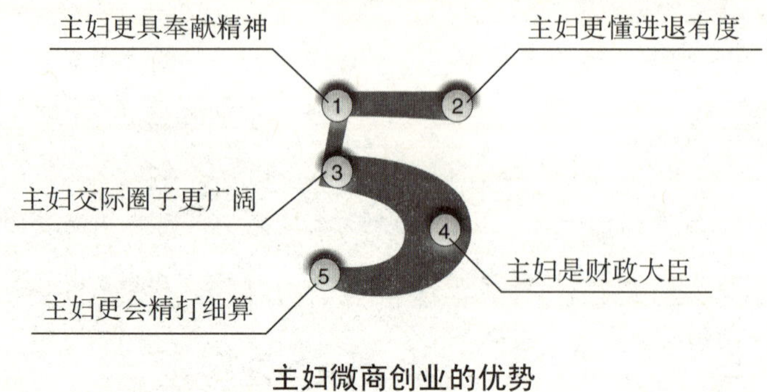

主妇微商创业的优势

优势01：主妇更具奉献精神

擅做饭的女人，可以为丈夫、儿女做一顿好饭而费尽心思，为家庭甘作全职主妇。这样的女人最具奉献精神。因而在做微商的时候，可以将不怕苦不怕累的精神发挥得淋漓尽致。不管跟微友们沟通多久，无论熬夜多晚，只要能达成一张订单，可以付出很多的心思，因而可以很快去达成交易，成为微商界的佼佼者。

优势02：主妇更懂进退有度

擅做饭的女人，心灵手巧，对油盐酱醋拿捏得准。这样的女人进退有度，不卑不亢，同样也是微商取得成功的重要特质之一。既可捕捉顾客的购买心理，又能把握住重要的成交时机。同时，还能制造下一次复购的机会。就像给锅里的菜撒下一把盐，不多不少，时机准确。在她们智慧的诱导下，顾客会觉得产品是非买不可的，而且还美滋滋地成为主妇们忠诚度相当高的顾客。

优势03：主妇交际圈子更广阔

擅做饭的女人，她的粉丝是相当多的。凭着那一手好手艺，她的邻居、她的闺蜜、她的孩子同学的家长等都可能是她的仰慕者。因此，广阔的交际圈子，将成为她做微商的坚强后盾，她可以很轻松地让身边的好友成为自己的顾客的同时，又能发展很多意想不到的忠实小代理，让自己的微商事业顺风顺水。

优势04：主妇更会精打细算

做主妇的女人，都拥有主妇的特质，她更愿意精打细算地过日子。因此在选择微商品牌的同时，会货比三家，会认真考察品牌的公司背景与产品品质。因此，家庭主妇的微商之路可以走得更远，更能远离三无产品的毒害。

优势05：主妇是财政大臣

做主妇的女人，她可能是家中的财政大臣，在她累积了多年的理财经验后，她可以从容地为了建立自己的微商事业一掷千金，当然，她更愿意为了这一个创业机会付出更多的时间与心思，让家里的小金库翻一番。因而，这样的主妇做微商，怎能不是大部分兼职中的“80后”、“90后”微商们的领导者？

媒体聚焦 》》

“80后”宝妈微商成长记

——来自微商之路网的报道

我是一位“80后”的宝妈，像许多女性一样把工作停止在了女人结婚生子这个关口。我想这是对的，因为一个事业再成功的女人，没有美满的家庭生活作为支撑，大概都会是落寞的。但是我又不甘心，害怕与这个迅速发展的社会脱节，所以选择了微商开始了我的职业生涯第二春。

莫愁前路无知己，天下谁人不识君！我喜欢这句话，大概因为我的名字里面也有这个“君”字。在前行的路上，会遇到很多朋友结伴同行，有了先行者的带领，成功的路也会更快一些，就像我在加入大薏米社之后一样。

我觉得微商营销是一门新的学问，不问出处，门槛低，上手快，适合所有想创业，但是并没有很多启动资金的人群。当然，微商有很多门道，需要学习很多的知识，前期的基础一定要打结实，为后续的工作做铺垫，朋友圈营销怎么做，那么就以“如何做好朋友圈的铺垫”来分享一下我个人的经验。

1．少刷广告，私生活

朋友圈的广告不比电视广告，随时轰炸，不分时段，见缝插针。或许你刚入行时肯定很着急，但是也不要操之过急。尽量多发自己的生活细节，适当插播广告不要引起别人的反感。

2．广告简短，有互动

不要老是长篇大论，枯燥介绍品牌，随时植入广告。要有选择性地互动植入产品信息。人们往往不想接受太多主动的广告信息，而喜欢自己去发现，更容易对产品产生信赖感。比如朋友间交互转发产品功效的信息，更容易被人们所接受，也更有广告的效果。

3．不当老师，做诱惑

现在的人休闲的时候才刷朋友圈，没有人是来看你说教的。在日常生活中的细节中渗透产品信息。优秀的销售不是让别人接受你的说辞，而是让别人觉得需要你的产品，有了“刚需”做基础，客源也就不必担心了。

4．偶尔调侃，有意思

做微信营销，喜欢刷朋友圈的亲们大概都是渴望看到一些与众不同的信息。偶尔调侃幽默的朋友圈内容会吸引读者。有意思的信息才能抓住“粉丝”的心。你要知道这些都是微商成功的必要因素，是为稳定客户群体打好基础。

很多想做微商的人都是看中微商低成本，高回报，觉得做了微商就能坐享其成了。其实微商是一个长久的事业，也是一门生意。做生意没有一帆风顺的，所以你必须要做好心理准备，并为之付出努力。如果遇到一点困难就退缩的话，我还是劝你不要做了，要记住：不忘初心，方得始终！

而关于产品呢，这一点是很多人最容易忽略的，常常有人问我，我做的这个品牌和别的品牌有什么区别。我想说，要的不是区别，而是品牌的信任度。一个好的口碑产品是不需要去做广告的。

你做的产品必须符合几点要求：

（1）产品是真实有效的，才能获得客源。

（2）产品必须是你感兴趣的，你才会用心思去做。

（3）产品必须是你用过的，这样才会有说服力。

希望我的这些微商营销经验可以帮助到一些微商新人，以后有时间，会再给大家分享如何选对产品、如何发展分销、如何引流等一些微商技巧，记住：被动的选择永远是最好的。

微商并没有非常严谨的条条框框的东西，但毋庸置疑的是，微商绝对是非常好的自主创业的方式。

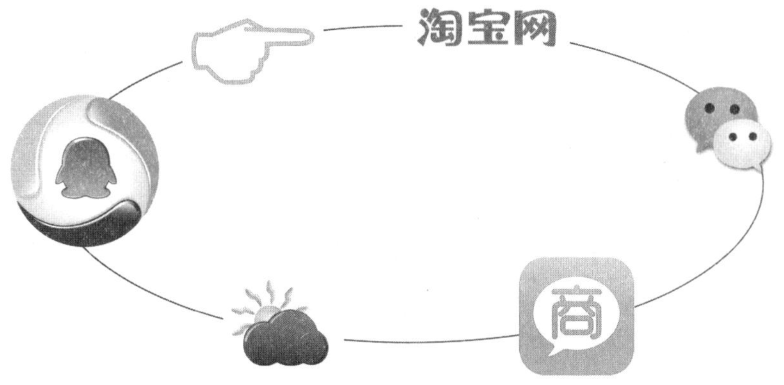

第三章 各行各业，融进微商

在微商如火如荼的强势潮流下，很多人都想做微商，但是哪些产品适合做微商呢？首先，产品的品质要安全，要符合国家规定，而且使用后的效果较为明显；其次，产品要有一定的利润率，这决定了渠道的占有率，以及代理商的热情；最后，产品要有品牌传播性，这和产品的传播速度和未来销售相关。

3.1 化妆品，引爆微商

一组非官方的数据显示，微商里80%是卖面膜的，而80%的微商是女性，这其中的80%以家庭妇女为主。估计在微信上卖面膜的个人卖家已经达到了800万人。

2014年，微信用户突破5亿人，一夜间微信迅速成为一个极具影响力的网络交互平台，庞大的腾讯用户基数，广泛的受众群覆盖，手机移动端优势，信息交流的互动性，以及更加真实的客户群，激发了新型网络营销方式——微信营销应运而生，微商的成功要选对产品类型，因为不是每个产品都适合做微商，它必须是消耗量大的产品。面膜就是非常合适的产品之一，因为面膜是消耗最快，顾客能重复消费的产品。

◆ 资讯导航 ◆

有资料显示，大大小小的面膜品牌在近2年间增长了4倍。面膜从几年前的功效型产品已经变成了护肤的快消品，面膜市场的体量也在逐级增大，中国的面膜市场规模已达100亿元左右，目前正以每年约30%的速度增长。面膜在中国的使用人群中渗透率已接近45%，超越了韩国、中国台湾地区。

另据媒体报道，2012年面膜在全国化妆品专营店的销售比占了7%，且面膜市场达到130亿元，并以快于2.5倍的速度在增长，预计在2015年，中国大陆市场总额将达到300亿元。

奥美集团数据显示，国内的面膜产业在这2年经历了跨越式的野蛮生长，大大小小的面膜品牌2年间增长了4倍，目前市场上至少有300多个面膜品牌。

微商已经随着移动互联网的强势扩张渗透到我们的生活中，也许不经意你就会发现，你身边的好友正在或者正打算做微商，特别是爱美的女性，在使用化妆品的同时，顺手做起微商的非常多。

在目前化妆品微商中，绝大多数做的是国产品牌。那么，如何选择一个好品牌，选择一个好产品，将直接关系到自身和顾客的利益。不久前，杭州一位卖假货的微商被捕，将面临长达7年的刑期。据悉，各地执法部门将严厉打击微商中的假货、三无、仿冒等产品，这对于已经在做或即将做微商的朋友来说，都将面临一个关于“选品”的问题。那么我们在选择产品时该注意什么呢？

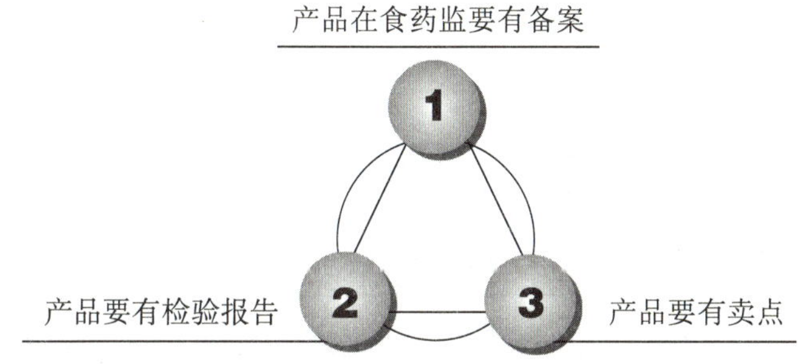

化妆品选品的注意事项

注意01：产品在食药监要有备案

这是最关键的一条，根据我国法律法规的相关规定，所有非特殊功效的化妆品，都必须在食药监进行备案，相当于我们人的身份证。如果没有取得身份证，也就是所谓的“黑户”，那就属于典型的“三无产品”。所有上市销售的产品必须备案，在食药监网站都能实时查询，如果该系统没有那就是未备案。

◆ 资讯导航 ◆

腾讯官方发布了《朋友圈使用规范》严格规范了朋友圈信息发布行为。

在《朋友圈使用规范》中首次提到推广销售假冒商品广告是不允许的行为，会受到删除信息甚至封号的处罚。

面对越来越严格的监管，微商的选品变得尤为重要。一定要选择那些合法合规的产品，才能避免自己辛苦经营的微信号不会因出售假冒商品而封号。

化妆品是微商经营最多的品类，而国家对化妆品有着严格的要求：所有在境内销售的化妆品厂商都必须完成备案流程，并获得相关许可才能上市销售，否则就是假冒商品，甚至有可能触犯刑法。

作为微商，要怎么鉴别我们代理的产品不是假冒商品、符合国家上市标准，才可以销售呢？

按照国家食品药品监督局的规定，所有国产品牌化妆品都需要进行《国产非特殊用途化妆品信息备案》。而所有国外原装进口化妆品则需要获得《国家食品药品监督管理总局进口特殊用途化妆品卫生许可批件》及《国家食品药品监督管理总局进口非特殊用途化妆品备案凭证》（以下均简称《批件》）才算拿到中国大陆市场销售的准入证。

所有获得国家食品药品监督局审批通过的产品在国家食品药品监督局官方网站上都是可以查询的。

注意02：产品要有检验报告

需要取得非特备案，就必须有检测报告。但是，为何还要看检测报告呢？因为这样才可以判断产品的安全度。

比如，重金属和菌落是允许一定值的，好的产品的比值就更低一些，这一点从检验报告中可以明确得出。选择更安全的产品，自然能够更加放心，自己使用也能更加安心。

注意03：产品要有卖点

化妆产品那么多，自然要做特色的产品，怎样的产品才更有卖点。

比如，纪伊备长炭深层净化补水面膜，国内首款采用备长炭膜布的面膜，具有非常强的净化清洁作用，能够缓解雾霾、PM2.5带来的影响，这就是产品特色。

所以，要选产品就要选特色，从功效到成分都不一样的产品。

归根结底，不管是做任何产品，合法合规是首要的，如果产品本身不合规，那怎么卖给消费者呢？微商在做化妆品时一定要看备案：进口的品牌要看进口备案，国产的品牌要看非特备案，美白祛斑的产品要看特殊化妆品许可证。

总而言之，国内对各种类型的化妆品都有备案要求，任何的化妆品没有备案就是在非法销售。选择一个好品牌，选择一个好产品，微商之路将更轻松。

媒体聚焦 》

2014年最火的“朋友圈面膜”

——来自站长之家网的报道

根据国家统计局数据，2014年中国化妆品零售总额为1825亿元，较2013年同比增长10%，增幅创近10年新低。但化妆品行业并非没有亮点，众多的新创面膜品牌依靠微商渠道爆发出惊人的销售力，年销售过亿元的品牌比比皆是。那么2015年，微商卖面膜还能挣钱吗？

1．2014年，面膜为何火爆微商

微商，目前还没有一个准确的定义，按多数人的理解，就是在微信、微博、QQ等移动社交平台上销售商品的小商家。在2014年年初，微信朋友圈里售卖的产品还比较多元化，有卖服饰的、卖包包的、卖奶粉的等等，但到了2014年年中，80%的微商都转而销售面膜，甚至每10条朋友圈就有3条是面膜。那么，面膜为何能火爆微商呢？

（1）需求大。

2003年，一个叫美即的品牌横空出世，到了10年后的2013年，面膜市场规模就达到160亿元了，市场渗透率接近45%，成为多数爱美女性的护肤首选。

我们知道，微商是基于情感的熟人营销，可以直接进行销售的潜在顾客并不多，所以只有像面膜这样同时具有巨大需求且大众化的产品才能快速增加销售额。

（2）利润高。

在朋友圈里经常看见这样的段子，不要再嫌一张面膜20元贵，去问问你老公一天一包烟贵不贵，女人不对自己好，男人就对其他女人好。微商渠道面膜的主要成本有三个方面，精华、膜巾、包材。

按照微商面膜的普遍定价198元/盒来说，毛利润至少在70%以上。这说的还是正规品牌的良心产品。如果是黑心品牌的三无产品，那么利润绝对比珠穆朗玛峰都还要高。正是面膜超高的利润，大量的微商在品尝了销售其他薄利产品的苦逼之后，纷纷涌入面膜市场，形成“10个微商，8个面膜”的壮观场面。

（3）消耗快。

一般来说，面膜的规格是5～6片或者10片一盒。按照一周消耗2～3片面膜来算，一盒面膜的使用周期也就一个月左右，比起基础护肤品2～3个月的使用周期，那真可谓是“快消品”。

但就在这样的情况下，一些黑心品牌还建议顾客每天使用面膜，宁愿让顾客忘记吃饭，也不愿顾客忘记敷面膜。但稍微具备专业护肤知识的人都知道，面膜属于周期型护肤品，不属于日常型护肤品，不管是什么面膜都不建议每天使用。

（4）门槛低。

一门生意再怎么赚钱，如果门槛非常高，那对多数人来说也只能是“说说而已”，就像我们都知道房地产赚钱一样。面膜在微商渠道爆发，也得益于它的低门槛。对新创面膜品牌商来说，注册一个听上去像外国品牌的商标，在阿里巴巴上选一家化妆品OEM厂家，最后再选一家包材供应商，一个“高大上”的面膜品牌在30天之内就可以诞生了。

对中小微商来说，只需要一部智能手机，每天转发品牌商提供的素材，就可以愉快地卖面膜了。同时，面膜库存占地小，快递运输也不像液体化妆品那么多限制，因此，面膜逐渐成为广大微商“创业”的首选。

2．2014年，面膜微商危机重重

2014年，微商爆发了，但危机重重，被人诟病最多的就是质量和囤货。据不完全统计，包括俏十岁、黛莱美、嘉玲等在内的热销面膜均爆出过“质量门”，但最终都被品牌官方辟谣。至于微商品牌压代理囤货，更是被千夫所指，甚至是被骂成传销的根本原因。

（1）质量门。

2014年6月20日，江苏卫视《新闻眼》栏目在《面膜“一敷即白”的秘密》中曝光多款热销面膜含有“荧光增白剂”，其中就有在当时微商渠道如日中天的俏十岁。随后的几天，众多微商在朋友圈暴力刷屏曝光“俏十岁含荧光增白剂”。这样带来了两个后果，一个是给全体面膜消费者普及了荧光增白剂这个化学成分，另一个是让俏十岁品牌迅速转入发展下行轨道，对品牌造成的损失难以估算。

由于微商渠道相对封闭且难以监管，这就不仅给了广大面膜品牌快速发展的良机，也给了那些妄想赚快钱的黑心品牌浑水摸鱼的机会。可以这样说，微商渠道面膜已经成为不少爱美女性心中难以抚平的伤痛。

（2）囤货门。

那些屡创各种财富神话的面膜品牌多采用“高定价+多层级代理”模式。这是怎么操作的呢？比如，我们新创立一个品牌ABB，每盒定价390元，招全国一级代理，首次进货10万元，进货价每盒136元（3.5折），然后一级代理再招二级代理。由于产品高定价，利润空间看上去足够大，于是二级代理又招三级代理，三级代理又招四级代理，如此循环下去可以到五级代理以上。

那么问题来了，连兰蔻肌底液面膜在丝芙兰的售价才是390元，各级代理花高价进回来的面膜能卖给谁呢？所以，这种“高定价+多层级代理”玩法就是各级代理囤货，各级代理自我消化产品，根本不会有终端动销。同时，多层级代理制度，必然带来市场价格的混乱，各级代理为了出货，只有低价抛售。

3．2015年，微商卖面膜还能挣钱吗

任何时候，只有不赚钱的人，没有不赚钱的行业。面膜作为化妆品行业增长最快的子类目，虽然已经连续10年保持30%的增长率，但仍然未到充分竞争阶段。2015年，微商卖面膜肯定还能赚钱，但怎么卖才赚钱呢？

（1）品质过硬。

从品牌发展来看，没有过硬的产品，终究无法走得长远。现在的面膜微商几乎都是在炒作概念，诸如唱歌面膜、微整形面膜、生理周期面膜。但说穿了，面膜的功效无外乎补水、保湿、美白、修护等，任何一款面膜太有效果或毫无效果都不是好面膜。

作为一个微商，本着对自己负责、对消费者负责的态度，在选择面膜品牌时，至少注意以下两个方面：

①生产厂家是否具备三证，即“化妆品卫生许可证”“化妆品生产许可证”“企业营业执照”。

②产品是否通过国家食药监的非特备案，即《国产非特殊用途化妆品备案》，特别提醒每个通过备案的产品都有自己对应的批号。

（2）价格合理。

如果想让消费者感到惊喜、超出期望，那就制定二流的价格，提供一流的产品和服务。从现有的面膜销售渠道来看，淘宝上销量超过10000盒的面膜，价格有超过100元的吗？屈臣氏热卖的面膜，有超过200元的吗？丝芙兰热卖的面膜有超过300元的吗？

当然没有成本的保证，就没有品质的保证，就可能会出现“三聚氰胺”这样劣币逐良币的事件。另外，要是微商没有足够的利润，无法提供优质的服务，就不可能持久地经营下去。因此，微商渠道面膜的合理零售价应该控制在合理的范围内。

（3）关联销售。

价格降下来了，消费者肯定满意，但如何保证微商的利润呢？一定是通过关联销售来提高客单价。首先，面膜并非在原有的护肤品类上的产品延伸，而是一种品类创新，与其他护肤品之间不是竞争关系，而是叠加消费的关系。

再者，护肤品搭配使用，会产生协同效应，护肤效果会更好，例如面膜之后可以涂抹乳液和面霜。最后，丰富的产品品类，更容易让消费者感受到微商的专业性，从而提高信任感。

（4）规范交易。

淘宝最牛的地方在于通过规范透明的交易机制，让两个素未谋面的人彼此信任，从而实现远程在线交易。在微商起步阶段，新闻里经常报道，大微商收了款却迟迟不给小微商发货，于是基于微信的第三方微店APP如雨后春笋般成长起来。微商是C2C模式，要想正规化必须加入第三方微店平台。

（5）全网营销。

淘宝时代，有人曾经说过："全网营销，淘宝成交。"那么在微商时代，就是"全网拓展新客，微信维护老客"。作为一个优秀的微商，不能将营销思路只局限在微信朋友圈刷屏或者是微信公众账号吸粉上，像微博、贴吧、空间、豆瓣、美妆APP等平台都是非常好的传播渠道。

另外，随着微信朋友圈广告上线，微信团队绝不会让微商继续在朋友圈暴力刷屏，所以全网营销、拓宽传播渠道，是微商不得不做的事情。

（6）加强信任。

淘宝是搜索卖货，微商是口碑推荐。所以，微商卖货也好，招代理也好，基本靠彼此间的信任，陌生顾客几乎没戏。那么如何加强信任呢？首先，产品靠谱，这是获得顾客信任的基础。然后，多做促销活动，没有哪个品牌是不做促销活动的。但现在的微商几乎没有促销，有也就只是简单的打折。

实际上促销的方式有很多种，免费试用、限量特供、有奖游戏、公益赞助等等。毫无疑问，通过各种促销能增加与顾客之间的互动频次，从而建立更深层次的信任感。最后，建立社群，提供增值服务。人以群分、物以类聚，一旦形成社群，微商与顾客之间，顾客与顾客之间会自发加强互动。

如果能再把网络社群落地，组织群友聚会，提供增值服务，例如护肤沙龙、茶艺交流、微商培训，那么这种信任感就能达到峰值。无论你是做销售，还是招代理，都会水到渠成。

3.2 食品特产，进军微商

微商时代已经崛起，微商就像当年的淘宝一样，有人怀疑，有人行动，而第一批进入微商的人已经月入五位数或六位数，后期做微商的这些人如何在微商界分到一杯羹呢？

大家可以选一些没有人做的产品，或者是比较少人数做的产品，例如零食，它的市场就非常的大，零食覆盖的范围也比较广。

比如，你每天在朋友圈发一些比较诱人的零食，现在的人都比较喜欢零食，肯定会勾起他们的馋虫。

现在人们已经不仅仅局限于满足味蕾的层面了，追求生活品质的需求也越来越成为主打概念。大多数人普遍关心食品安全问题，尤其是外面购买的这些食品，绝大部分人都不放心，因此想要寻找自己信赖的产品。

而微商更多的是在朋友圈销售，如果产品不好，势必会影响二次销售，而食品本身就是重复购买率很高的产品，因此好的产品是做好食品微商的关键。那么什么食品适合微商销售呢？

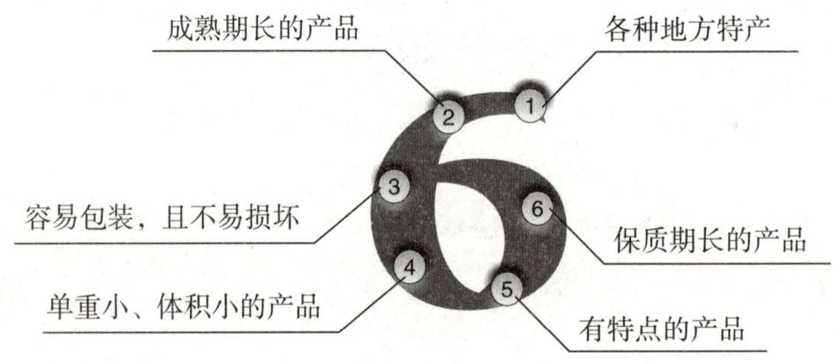

适合食品微商销售的产品

适合01：各种地方特产

这种特产既要具有地方特色，又要适应大多数地区消费人群的饮食习惯和口味，具有广泛的接受性，而不仅仅是少部分地区、少部分人群接受。同时还要有一定的知名度，最好是历史悠久、家喻户晓、有口皆碑的。

比如石门柑橘，就比较有名，2014年曾是APEC特供水果，还登上了《天天向上》的舞台，这种知名度就比较高。

另外，这种特产最好是标准化的食品，这样便于消费者购买并形成忠诚度，不用品尝就能知道其口味和质量的食品最好销售。

适合02：成熟期长的产品

当然这个有点难度，土特产都有生长的周期，我们没办法改变事物的属性，这时候就要选择几个产品组合销售。

比如，冬天和春天卖脐橙，卖到4月份，脐橙退市后卖蜂蜜、大米之类的。

适合03：容易包装，且不易损坏

选择容易包装的产品，虽然现在什么样的包装都可以做出来，但是要考虑成本问题，因此最好选择适合包装的产品。要知道，经过快递公司的几经中转，包装不好的产品到消费者手上时就不知道会成什么样子了。

比如葡萄干、红枣、核桃就非常合适，容易包装，怎么弄都不会坏。

适合04：单重小、体积小的产品

这类产品适合快递运输，成本低。节省成本就可以减低零售价，这样就更具竞争力。

比如葡萄干、红枣、核桃等干货都比较合适，体积不大，适合快递，并且保质期比较长。

适合06：有特点的产品

产品有特点，才能有卖点。大家都卖红枣，但是你的红枣比别人的大，这就是特点。大家都卖柚子，但是你的柚子比别人的甜，比别人的水分足，这就是特点。

比如，洪湖的大闸蟹，其色泽艳丽、膏满肥黄、不含任何激素。又如，河源的米粉，因有爽滑感、不沾牙、不夹生、不易断条等特点而深受消费者喜爱。

适合05：保质期长的产品

因为要快递，总不能还在路上就坏掉了吧。所以要选择保质期长的，消费者在收到快递后一段时间内不会过期，不会坏掉才行。尤其是夏天，温度高，水果之类的走普通的快递肯定不行，必须冷冻。

进口食品微商营销攻略

——来自站长之家网的报道

随着移动互联网时代的发展，拉动了微商队伍的壮大。众所周知，微商门槛低，入手快，工作自由还可赚外快，但是想做好微商，还需要专业的营销技巧。近年来，进口食品备受广大消费者喜爱，就以进口食品为例，看进口食品微商的营销技巧。

1．进口食品微商怎么找货源

一般来说，对进口食品喜欢和钟爱的人群，都曾经在国外学习生活过，经常往返国内外，年龄在20～45岁之间，收入较高。他们购买你的产品会关注哪些呢？不外乎产品的品质、价格、品牌以及是否安全等。

（1）任何一个进口食品，在来到中国之初，源头厂家都有一个共同的心愿——做大做强。

货源是不可能一家独享的。生产商、销售商互惠互利，双赢发展。我们现在不是在比猎奇、花样的宣传炒作，是在比服务。只有更人性化的服务和过硬的产品质量，才是企业或商家生存的王道。

（2）贴近个人生活本身的产品，是微营销的首选。比如进口食品、五谷杂粮、食品坚果、日常护肤品、生活日用品、电子产品等。

（3）朋友圈营销。不是什么产品都可以做，一定要有稳定的货源支持，过硬的品质保障。要有国家正规报关、有商检和卫检证书的食品，你才可以长期做下去。现在的消费者不缺进口食品，缺少的是有品质，有档次，又安全，价格实惠的进口食品。

2. 进口食品微商的营销方式

时代在进步，微商也在进步，朋友圈营销也在升级。目前微商的营销方式有两种，一种是“熟人营销”方式，另一种是“内容营销”方式。

前者是利用熟人关系，在自己的朋友圈里修图发产品广告，可以利用微信、QQ陌生人这些社交软件来添加好友。后者是利用微信公众平台、微淘平台、自己去根据定位做内容吸引粉丝。

（1）熟人营销。通过推广或手动添加好友扩大自己的粉丝数量，一般利用微信个人号就可以了，一个号5000人数的上线，好友数量多了成交概率自然也就大了。

（2）内容营销。现在许多高级微商的玩法，自己做一个微信公众账号，根据产品自身的定位，生产传播内容吸引精准粉丝。

例如：我们的进口食品的定位人群是“对食品质量安全有要求的群体”，这些微商就通过做一些美食的内容，把她们吸引到公众账号。等到人数达到一定数量之后，在公众账号上面放上自己这款产品的“微店”入口，通过做一些活动或是刊发一些文章，吸引她们到店购买。

上面这两种营销方式，是现在微商圈子里比较流行的玩法。尤其是内容营销，利用公众平台做内容吸引过来的粉丝，只要内容不脱离定位，那就都是精准粉丝。不但成交率高，而且也不会像朋友圈刷屏那样被人讨厌，还没有好友限制。

推送一篇好的文章，一次就有可能带来几百几千的粉丝，脱离了朋友圈营销的种种局限。利用微店作为成交工具，方便管理也显得正规。

3.3 快销品，扎根微商

快消品，顾名思义，就是指那些使用寿命较短，消费速度较快的消费品。快消品作为与人们日常生活最为贴近的消费品，时常在营销创新方面走在时代的前列，社会化媒体时代的来临使这些快消品品牌重新看到了机会。

自微信公众平台开放以来，“微信营销”这一词就异常火热。前有水果微商牛人月利润4万元，后有微信卖酒达人月销5万元，网络上时常传来的这些声音令人艳羡不已，但这些案例虽也是快消品的成功营销案例，却终究只是一些个人商家的经验，无法运用到品牌的微信营销上。微信公众平台开放不到一年的时间，快消品行业对于如何运用微信基本还在探索之中，连在微博上风生水起，时常做出令人拍案叫绝的诸如“对不起体”“呐喊体”的加多宝也并没有在微信上有精彩的表现。那么快消品品牌该如何来做微信营销呢？

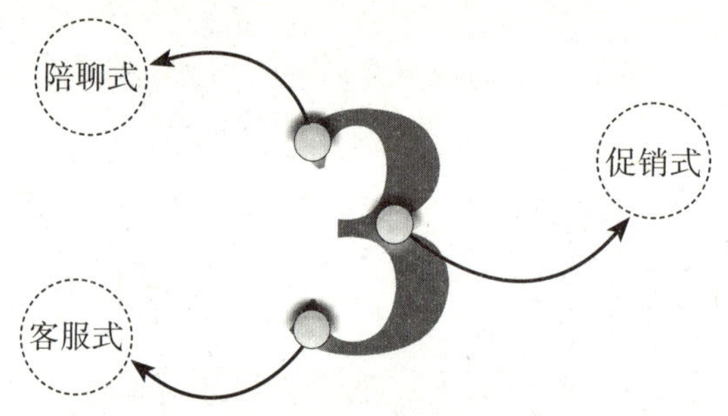

快消品的微信营销方式

方式01：陪聊式

众所周知，微信公众平台也具有媒体属性，但它与微博还是完全不同的，与微博相比，它的精准性、私密性和互动性更强。正是基于此，一开始，许多微信用户是抱着能与品牌进行一对一式的聊天来收听品牌的公众账号的，但大多数用户在关注了品牌并试图与其聊天之后，发现对方根本不像微信上的好友，而更像一部机器。于是，在微信这个私密空间进行互动本来是一件可以为品牌加分的事，最后由于体验不佳反而成了一件减分的事。相信有过这种糟糕体验的用户一定对品牌微信异常失望。

比如，杜蕾斯品牌就成立了8人陪聊组，与用户进行真实对话，对话也一直延续微博上幽默、双关的风格，使用户对其“性趣盎然”。

温馨提示

陪聊式品牌微信满足了许多用户希望私密聊天的需求，但当品牌收听者达到一定数量级以后，需要更多的专职陪聊人员来维持，当人员不足的时候，很可能会影响收听者的体验。

方式02：促销式

快消品唯快不破，什么样的营销方式如果能够对销售起到直接的作用，那便达到了营销的最大目的。

比如，作为在中国最广为人知的品牌，星巴克在中国有非常广大的客户群体，不少人关注星巴克，是希望能收到星巴克的优惠券或者优惠信息。星巴克的优惠信息不是生硬地告知，而是运用社会化营销的方式：精美设计的海报、与时事结合、关爱般的文案都会使它的促销信息看起来不那么生硬。星巴克的微信内容主要针对的是它的用户，而它的促销信息又满足了用户求优惠的最直接需求，因此它的内容推送并不会使大部分的收听者反感。而与星巴克调性相符的促销信息不只会吸引更多的关注，促进销售，也会在一定程度上完成品牌传播的任务。

方式03：客服式

每一个品牌在进入微信公众平台之前，都需要搞清楚自己的定位，需要搞清楚自己来微信公众平台是干什么的。许多品牌一窝蜂地涌入微信公众平台，但进来后才发现不知道自己该做什么，于是只能像运营微博那样，整一点鸡汤，发一点企业新闻，那基本上对于大多数收听者来说，它是没有任何价值的。

比如，蒙牛品牌因其多次出现产品问题，常年来口碑一直备受诟病。其微信公众账号于5月上线，从内容来看，其实它的定位是微信客服，主要意义在于与消费者沟通，回答消费者的一些疑问，有三块内容：对话备忘、焦点提问和牛奶君说。值得注意的是点出对话备忘中的历史遗留问题，便可了解蒙牛过往的产品问题。

品牌微信做客服的好处有以下两个：

（1）不骚扰，强制被接收信息是大部分微信用户厌烦的，而蒙牛品牌通过定位微信客服使收听者在需要信息时才会收到信息，很好地解决了这个问题。

（2）可以在封闭空间内解决产品问题，关于这一点不少消费者可能遇到过买到有问题的产品却投诉无门的情况，有了这个通道，消费者就多了一个投诉反映的途径，而及时的客服处理也利于企业在源头上防止企业危机。

试想有一天，蒙牛所有的外包装上都有微信二维码，而消费者在买到有问题的产品后，就可以直接扫描然后与蒙牛反映问题了。与消费者直接对话，是品牌的重要意义之一，在品牌营销层面，客服的表现在某种程度上也代表了品牌，用客服来提升信任，进而凸显品牌的形象，这便是客服微信的品牌营销之道。

媒体聚焦 》》

利用微信公众账号做好快消品牌营销

——来自站长之家网的报道

如果说促销式营销是满足了客户最直接的求优惠需求，陪聊式微信营销是满足了收听者沟通的需求，客服式微信营销就是满足了用户希望解决问题的需要。不同的品牌面对不同的用户需要有不同的微信营销策略，但以下几点是大部分品牌都可以借鉴的。

1．定位

不同的品牌微信需要根据自身的需求进行不同的定位，这里的定位包括两方面：

（1）基于自身的定位，你是要做品牌、产品还是客服？自身定位不同，内容是不一样的。

（2）基于收听者的定位，你的收听者应该是你的铁杆用户、普通消费者还是经销商，它的内容也是不一样的。

2．无骚扰

对于大多数微信用户来说，他们最反感的就是公众账号高频率地推送自己并不感兴趣的内容。如何做到不骚扰，对大多数品牌来说是个难题，推送少了，起不到传播的作用，推送多了，可能引起收听者厌烦取消关注。但就微信这个相对私密的平台来说，品牌微博的内容应该做到宁缺毋滥，去繁从简。如果品牌微信定位为客服，那就要尽量少发内容，主要精力放在互动和沟通上，如果定位为产品，就要对内容精挑细选，并选择合适的对象推送，对于定位为品牌传播的微信，每周推送的内容最好不要超过3次。

3．CRM客户管理

微信公众账号的后台可以对所有的收听者进行分组管理，品牌微信一定不能忽略这个功能。一般来说，品牌微信可以设立六类收听者，包括：消费者、活动用户、行业人士、媒体记者、企业员工和经销商伙伴；而产品微信可以设立三类收听者，包括：潜在用户、重度粉丝和会员。分组建好之后，再推送内容时可以分范围推送。比如若推送内部新闻，可以推送给企业员工，若推送企业申明，可以推送给媒体、行业人士，若推送促销信息，可以推送给消费者等等。这样可以适量避免把不需要的内容推送给用户的状况。

4．双微整合

微信和微博是不同的两个产品，一般的品牌都同时拥有官方微博和官方微信，如何将两者更好地分工合作，是企业需要考虑的问题。

基于微博和微信属性的不同，大多数品牌都可以采用微博做传播，微信做客服的策略。在合作方面，企业需要将两个平台打通，首先是内容的打通，发布于微博并在微博上传播，然后将有疑问者引入微信，当然更好的做法是再次将微信上的焦点问答、有趣对话等晒到微博上进行二次传播。其次是粉丝的打通，微博上的粉丝很大部分也可以转化为微信的粉丝，一旦粉丝转化成功，他很可能主动将微信上的内容放到微博上来传播。

3.4 服装业，握手微商

“凡是在我朋友圈开店卖衣服、鞋子、包包……的老板们，年末了，租金麻烦按时交一下，谢谢合作，我也不容易，忍一年了！”

最近在微信朋友圈，不少人都在转发着一条这样的通知。无疑，如今微商已经成为与传统商业抗衡的又一种不能忽视的商业模式，尤其是做服装的微商。业内总结，从最早的打货卖货、自产自销……到如今的微商服务，服装商业已从最原始的1.0时代跑步进入6.0时代。

2011年诞生的微信，引领着自媒体浪潮，迅速波及服装行业，仅仅3年时间，服装微商就出现了。

如今，就连在街边开店的人都试图做微商，更别说有资源、有渠道的市场商户了。微商虽然是一个新兴的商业模式，但也是服装销售的一个新趋势。

随着微信被越来越多的人所接受和覆盖面越来越广，通过微信营销也成了一种营销手段，但每个行业的营销手段还是有所差别的，那么服装行业应该怎样来进行微信营销呢？

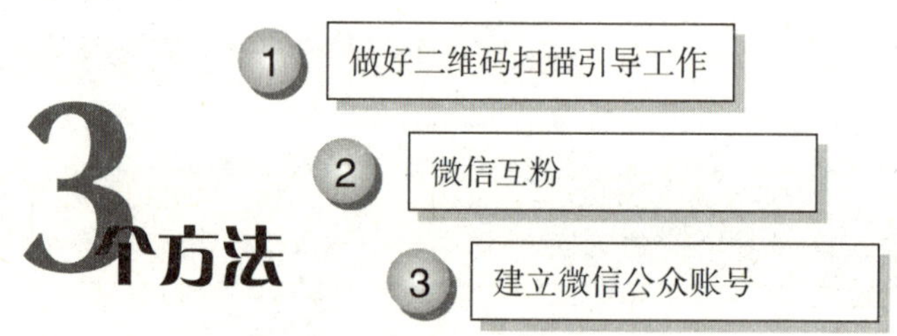

服装行业微信营销的方法

方法01：做好二维码扫描引导工作

服饰鞋帽的客户进店逛的比买的多，对于店主来说，收集这些人的资料很重要，这次不买下次来买也不错。因此，引导进店顾客扫描二维码关注微信号就变成了日常工作。

有实体店的朋友，不妨花个小钱，做一个有带微信二维码的易拉宝广告展架，吸引进店或者路过的朋友拿出手机扫描二维码，把你加上好友。甚至还有更狠的一些实体店主，会设置会员价跟普通价格，加微信就能成为会员，哪个朋友想买衣服，加个微信就能有会员价，谁都乐意加的。

方法02：微信互粉

微信互粉，一定要找到那些与自己的目标客户群体相近的商家，与其合作。多认识一些朋友，可以问下朋友相互之间是否有一些微信群，可以把你拉进去，那你又可以添加微信群里的好友了。总之多交朋友也不是什么坏事，多认识些人，相互之间有时间也可以进行交流。

方法03：建立微信公众账号

建立属于自己店铺或品牌的微信公众账号，这对实体店的服装老板来说可能有点难度，也有时间问题，因为要经营一个微信公众账号不是说你能做就做，还需要花很多的时间整理或者自己写素材，如果你个人是比较喜欢写文章的话，写一些小话题之类的，效果是比较好的。你可以写一些原创话题，写一些你对服装搭配或者是美容、美体的心得体会，总之就写一些目标客户群感兴趣的话题。

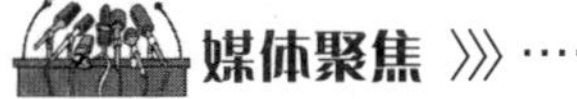
媒体聚焦 》

“微时代”走进服装行业

——来自中国丽人网的报道

随着微信产品的不断演进，利用微信辅助品牌营销的“占位战”已经打响，众多服装企业主页看到微信对传统服装业的冲击，纷纷先后开通了自己的企业品牌公众账号。在移动终端的快速发展中，微时代已经来临，人们将面临更大的信息潮，如何将信息有效传达，在信息的传播潮流中突出自己的品牌，是企业品牌营销必须面临的问题。

目前大多数公司都只是利用微信自有功能的“借题发挥”，而北京知名服装品牌公司无疑是业内超前者，他们利用微信管家将网站搬到微信上来了，在借助微信管家的几项功能（自动应答菜单、关键词应答、微网站、客户关系管理系统、会员卡、互动营销活动、客服宝），让自己的微信营销独具特色。

传统服装销售渠道模式比较单一，而微信营销，可以通过与微友的互动调查，在款式、板型、颜色、品质、面料等反馈信息的收集上更快速互动。记者在走访中发现，有一家服装品牌在微信上营销的点子非常好，在街头放置一组巨大的性感MM广告——有码的，用户只需要扫描挡在关键部位的二维码，就可以得到MM照片的完全体（广告上还煞有其事地写道：解开她的秘密……），利用心理学进行互动营销。

目前微信用户超过4亿人，可见网民在使用微信的能力上都在加强，扫码族队伍迅速扩大。而当地靠差价生存的商户，如服装卖场、玩具卖场、电子配件商户，他们面对的电商转型的困扰和压力，比那些发达的一线城市还要大。

未来的服装行业必将刮起微时代的营销狂潮，亲，微时代来临，你看到机会，准备好了吗?

3.5　酒店餐饮，踏足微商

下午5时半，在鼓楼区上班的小韩点开云南北路木村日本料理的微信，在电子菜单上勾勾画画选好菜，设置为“6时半到店”，点击微信支付。1个小时后，他和朋友抵达餐厅，无须等待，直接“大快朵颐”。而服务员也省了许多事，不用担心餐单不够用，也不用拿着刷卡器跑来跑去，节省了大量时间。

用微信点菜、付款、积分、抽奖……随着微博、微信等新型信息手段的普及，年轻市民的就餐习惯发生了巨大的变化，餐饮企业争相上线做起了“微营销”。对于酒店餐饮业来说，能够不局限于方圆之内的客户源，绝对就是财富的象征。

民以食为天，餐饮属于传统行业，在激烈的市场竞争中如何脱颖而出？又如何成为一名成功的餐饮微商呢？下面为你支上几招。

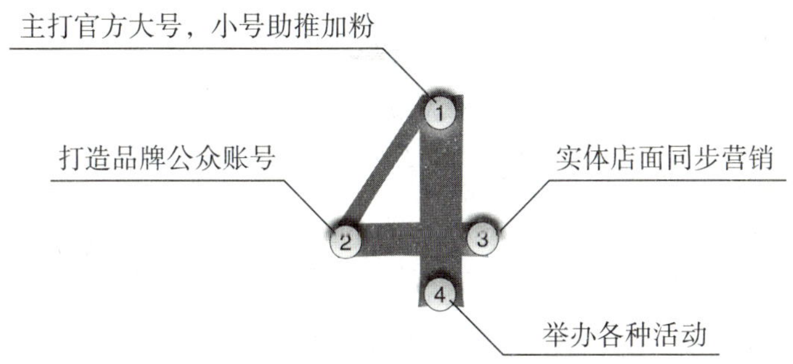

成功餐饮微商必备的招数

招数01：主打官方大号，小号助推加粉

很多商家在尝试做微信营销的时候都是采用小号，修改签名为广告语，然后再寻找附近的人进行推广的方式。作为一种新兴的营销方式，商家完全可以借用微信打造自己的品牌。

可以采用注册公众账号，在粉丝达到500之后申请认证的方式进行营销，更有利于商家品牌的建设，也方便商家推送信息和解答消费者的疑问，更重要的是可以借此免费搭建一个订餐平台。小号则可以通过主动寻找附近的消费者来推送大号的引粉信息，以此将粉丝导入到大号中统一管理。

招数02：打造品牌公众账号

注册公众账号时首先得有一个QQ号码，然后登录官网注册即可。申请了公众账号之后在设置页面对公众账号的头像进行更换，建议更换为店铺的招牌或者LOGO，大小以不变形可正常辨认为准。此外，微信用户信息填写店铺的相关介绍。

回复设置的添加分为被添加自动回复、用户消息回复、自定义回复三种，商家可以根据自身的需要进行添加。同时建议商家需要对每天群发的信息做一个安排表，准备好文字素材和图片素材。

一般推送的信息可以是最新的菜式推荐、饮食文化、优惠打折方面的内容。粉丝的分类管理可以针对新老顾客推送不同的信息，同时也方便回复新老顾客的提问。一旦这种人性化的贴心服务受到顾客的欢迎，触发顾客使用微信分享自己的就餐体验进而形成口碑效应，对提升商家品牌的知名度和美誉度效果极佳。

招数03：实体店面同步营销

店面也是充分发挥微信营销优势的重要场地。在菜单的设计中添加二维码并采用会员制或者优惠的方式，鼓励到店消费的顾客使用手机扫描。一来可以为公众账号增加精准的粉丝，二来也积累了一大批实际消费群体，对后期微信营销的顺利开展至关重要。店面能够使用到的宣传推广材料都可以附上二维码，当然也可以独立制作易拉宝、海报、DM传单等材料进行宣传。

招数04：举办各种活动

微信营销比较常用的就是以活动的方式吸引目标消费者参与，从而达到预期的推广目的。

以签到打折活动为例，商家只需制作附有二维码和微信号的宣传海报和展架，配置专门的营销人员现场指导到店消费者使用手机扫描二维码。消费者扫描二维码并关注商家公众账号即可收到一条确认信息，在此之前商家需要提前设置好被添加自动回复。凭借信息在买单的时候享受优惠。为防止顾客消费之后就取消关注的情况出现，商家还可以在第一条确认信息中说明后续的优惠活动，使得顾客能够持续关注并且经常光顾。

日常吃喝作为普通老百姓的刚需而言，面对日益激烈的市场竞争，差异化竞争手段也不再是唯一的选择，微信或许将成为未来餐饮类商家打赢营销战的利器。

媒体聚焦

M-BOX“援手”传统餐饮企业“微餐饮”

——来自东方财富网的报道

“民以食为天”，餐饮业是个刚需行业。随着我国社会经济的发展，人民生活水平的提高，外出就餐已成家常便饭。同时，餐饮业经营者也越来越多，而竞争也越发激烈。据不完全统计，整个餐饮业盈利的企业只占40%，能保本的企业占30%，剩下的30%则处于亏损状态。

中国餐饮业以中小企业为核心，这部分餐饮经营者亟须品牌建设及客户开发；而那些连锁经营和集团化的餐饮企业，过于庞杂的信息管理、客户关系管理等也亟待解决。

随着移动互联网的迅猛发展，各行各业都想与其来一次亲密接触。移动互联网时代，我们的生活被O2O、大数据、互联网思维……这些词所包围。在O2O的时代背景下，餐饮企业如何打通线上线下？如何利用移动互联网获取新客户、抓住老客户，提高店面平效和餐饮品牌？

严格来说，餐饮业是O2O最先爆发的市场。从2013年的统计数据看，O2O在餐饮业的渗透率不到2%，但依然是所有行业中发展最为成熟的。据《中国餐饮产业发展报告（2014）》显示，未来几年，中国餐饮O2O在线用户规模将继续保持较快增长，预计到2015年将超过2亿人。面对巨大的发展空间，餐饮业在未来必然将掀起新一轮激烈竞争。有学者预测，今后的两三年内将是餐饮O2O行业的洗牌和整合期，在这场淘汰赛中，谁能最终胜出，谁能最先攻占O2O市场，谁就有可能成为未来餐饮业的霸主。

日前，由一体化移动营销聚合平台M-BOX针对餐饮商家推出的“微餐饮”行业解决方案，成为餐饮企业共同关注的焦点。M-BOX致力于为企业提供一体化的移动端APP及微网站建设、内容维护以及辐射多平台的营销支撑，帮助客户一站式搭建起开放智能的移动电商生态系统。M-BOX“微餐饮”平台，为餐饮企业开发基于云+端的微网站、微商城、APP，并深入接入微信、淘宝、百度、支付宝、微博等目前市场上最炙手可热的开放平台。M-BOX“微餐饮”同时针对连锁型、品牌型、外卖型以及中小型餐饮企业，分别定制不同的门店管理、菜单管理、订餐管理、订座管理、餐桌管理、销售报表等管理模块，解决餐饮企业流程上的、管理上的常见问题，并提升客户体验。M-BOX“微餐饮”的LBS、二维码、微会员卡、积分兑换等功能与服务，都不失为餐饮企业竞争中的一种增值方式。当客户通过二维码进行关注后，注册并领取微会员卡，还可以帮助企业建立新一代的移动会员管理系统，清晰记录用户的消费行为并进行数据分析，根据用户特征进行精细分类，从而实现各种模式的精准营销。

玩转O2O，已成为餐饮行业的营销利器。

3.6 成人用品，跻身微商

成人情趣用品，带有一定的私密性是非常必要的，其在很多的家庭中扮演着夫妻和睦的第三者。因此，市场需求广大，伴随近年来电子商务的飞速发展，越来越多的购买者选择网购。经过对来自不同地区上千网友的在线答卷，90%以上的网友选择网络购买。因此，成人情趣用品微商的可行性为100%。

在这个成人用品已成刚需的时代，能搭上微商这趟高速列车，有下页图中所示的几个优势。

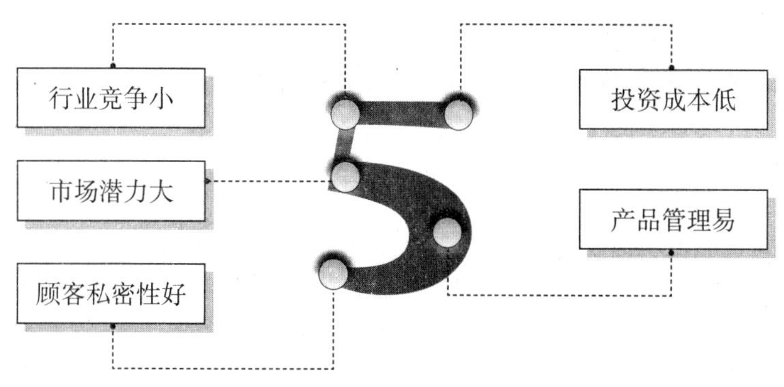

成人用品跻身微商的优势

优势01：行业竞争小

受中国传统文化的影响，大部分人认为卖成人用品会很没有面子，从而减少了部分人群的加入，与竞争白热化的传统行业相比，基本上没有很大的竞争力，这是创业的先机。

优势02：市场潜力大

随着物质生活的丰富及思想的开发，很多人越来越注重性生活质量，成人用品需求量也在以每年32%的速度增长。在金融危机和经济低迷期，情趣用品行业却逆势而上，这就是最好的佐证。

优势03：顾客私密性好

由于成人用品是一类比较特殊的商品，所以绝大多数消费者还不可能像买一件普通的日常用品那样去商店选购。在电子商务时代，这一困境将得到缓解，通过网络购买成人用品，不仅方便快捷，还可以很好地保护消费者的隐私，不存在羞于购买的现象。

优势04：投资成本低

成人用品行业正处于发展期，入行门槛低。因为有着巨大的消费市场，不用担心销量，更不需要囤货，属于低投入行业。

优势05：产品管理易

成人用品没有季节性，也就没有淡季和旺季，商品不需换季、不易变质，没有频繁进货和换货的麻烦，管理方便。

◆资讯导航◆

成人用品行业的经营范围、产品及其市场需求分析：

计生用品：计生用品是一个很大的消费群体，主要是30岁以下的年轻男性和女性，有80%的人都需要。

成人玩具：5.95%以上的夫妻使用性用品能增强性趣，感情更融洽，有利于家庭和睦。

性器具：购买性器具的人当中，有60%以上的是女性。其功能设计大多数也都是为女性服务的。

情趣用品：通常指的是侠义的仿造真人用品，而现在的情趣用品则更为广义，包括香水，夜店服饰，抽象器具等有时尚感、彰显品位的一系列产品。情趣用品市场规模的年复合增长率高达70%。从现在到未来的5年内，为市场的爆发式增长期，根据杜蕾斯性调查显示，欧美有40%的适龄人群在使用情趣用品，这意味着在未来几年，情趣用品将成为日用品，而不再是目前少数人使用的特殊产品。

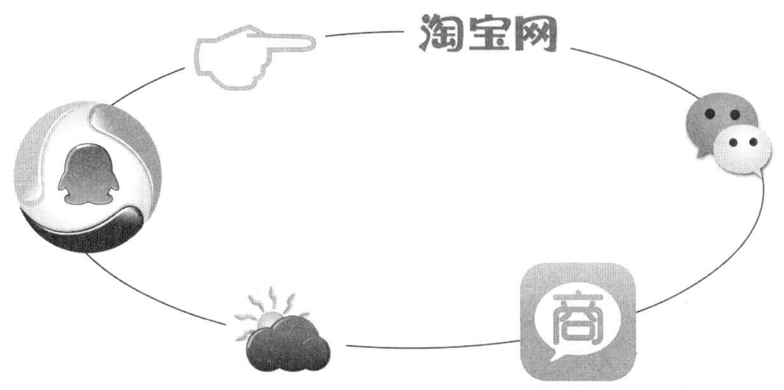

第四章
“掌”握商机，新手变老掌柜

2015年，在党的十八届三中全会上，人大代表们已经认可了微商的创业方式，并且将此提升到了国家的战略层面：互联网+。在这个提倡“大众创业，万众创新”的年代，越来越多的人加入到微商大军。然而，大多数人只是看到别人通过做微商赚了不少钱，感觉微商是个趋势，就稀里糊涂地做了微商，但是，这些人并不知道微商该怎么做。

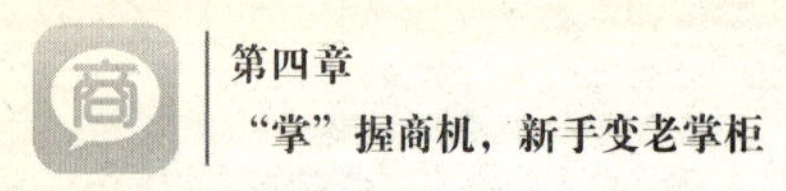

4.1 选择产品

现在很多人都在寻求创业的渠道，对于普通的大众来说，能够低成本的开始创业自然是最好的。对于草根大众来说，做微商的门槛太低了，所以几乎人人都可以利用微商创业，媒体上也报道过很多做微商成功的例子。

既然要做微商，就要有商品、有产品。那适合做微商的产品有什么特点呢？

特点一　要有重复购买性

每个人的微信好友数量都是有限的，无法产生重复购买，怎么可能赚钱呢？所以微商产品要选择可持续购买的消耗品。比如女人必备的护肤品，无论收入高低，女人总是要保养皮肤的，而且用完了还会继续用，即可产生重复购买

特点二　产品质量要可靠

移动互联网时代是以信任经济为基础的，如果你的产品质量不行，是卖不出去的，即使卖出去了，用户也不会重复购买，因为微商分销都是基于朋友圈的，朋友圈靠的是信任，没人敢向朋友推荐假冒产品吧

特点三　产品要受众面广

选产品类型最好是身边需要这个产品的人群比较庞大，这样你的营销开展起来会更容易一些。贴近个人生活的产品是微商的首选，这样受众面比较广。比如五谷杂粮、食品坚果、日常护肤品、生活日用品、电子产品等

特点四 产品利润要丰厚

做微商是为了赚钱，有了足够的利润，无论是自己销售，还是发展代理，大家都可以赚到钱，这样才会有更多的人参与进来，人越多就越容易快速做成、销售链也就自然形成了

适合做微商的产品应具有的特点

产品问题是微商面临的一大难题，物美价廉的产品肯定会助微商一臂之力，如果产品质量有问题就会导致客户的流失，得不偿失。那么微商要如何来选择产品呢？可以按以下几点要求来为产品把握方向。

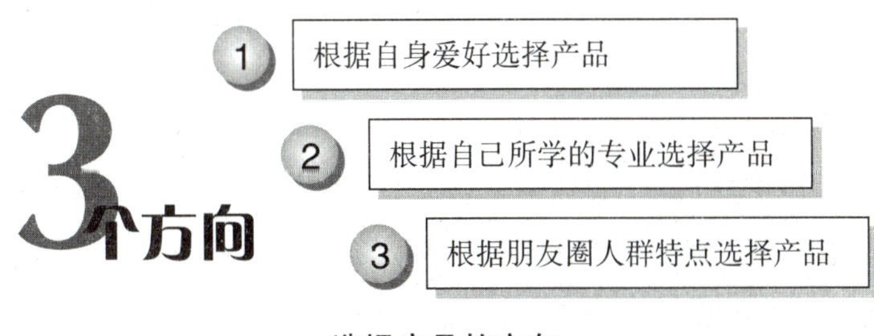

选择产品的方向

方向01：根据自身爱好选择产品

选择产品是首要问题，一定要选择一个自己喜爱的产品，如果连自己都不喜欢，何来销售。同时，大家都知道物以类聚、人以群分，相对来说你的交际圈里肯定聚集了一批有相同爱好的人群，这样更有利于你后期的经营推广，以自己的爱好为基础的工作才叫做事业，大家更会满怀激情地去做，这样更有利于你的成功。

比如，你是一个户外运动爱好者，你身边肯定会聚集一批有同样爱好的人群，如果你选择销售相关的户外用品，并配以自己的用户体验，排除主观因素，相信你的产品销量一定会不错的。

方向02：根据自己所学的专业选择产品

这种选择产品的方式更适应于专业知识丰富型的人群，一般专业人士的交际圈里都会有一批客户，可以通过优质的服务进行口碑传播，从而达到销售产品的目的。

比如，你是一个营养师，业界或圈内有一定的知名度，那么肯定会有很多人向你咨询相关营养学的知识，那么你在为用户解决问题的同时，完全可以为用户推荐相关的产品进行销售。

方向03：根据朋友圈人群特点选择产品

这种选择产品的方式更偏向于有一定数据分析能力的人群，需要了解用户群体的特点，根据大部分用户群体的需求选择产品。如：你是一个在校大学生你选择销售高端奢侈品，相信你一定卖不了多少产品，因为目前你朋友圈里的人群大部分人的消费能力都没有达到标准（当然不排除例外），如果你大学毕业后工作稳定了，娶妻生子了，相信你的交际圈里的人群大部分都是这个阶段，这时你选择销售母婴用品，相信会卖得不错的。

选择产品的三大原则

微营销的本质是个人品牌营销、口碑营销。产品的质量是个人品牌营销的前提和基础，如果前期产品选择上没有做好，后期做的一切都会困难重重。不管是微信圈还是其他社交媒体圈都不缺好产品，在这种情况下如果你在产品上差距很大的话，那无疑将是很不利的。因此，选择什么产品将是非常关键的。新手入门微商，可遵循以下三个原则，来选择产品。

1. 就近原则

产品选择要尽量选择家里附近的特色产品，如新疆的朋友可以选择做新疆大枣、南京的朋友做南京板鸭之类的，等等，这样就是为了给客户留下一个印象，我的产品是这类产品中最好的产品。

2. 就熟原则

微营销要尽量选择自己熟悉的圈子来做，什么是圈子？就是你熟悉的朋友，比如学生，他最熟悉的肯定就是同学，老板最熟悉的自然就是有钱人。那么你可以从这方面入手，选择你最熟悉的朋友们购买力最好的产品。再比如你是女性，女性都很爱美，那么护肤品可能就是你非常好的产品选择。

3. 就源原则

微营销要做大，代理自然是不二之选，为了利润最大化和长期发展的需要，选择的产品最好是货源上游，甚至可以直接找厂家。这样才能保证可以招到更多的代理，从而达到利润最大化。

4.2 寻找货源

选择了适合的产品，接下来就要寻找货源。找到好的货源是做微商成功的第一步，试问若没有好的产品源供货，你要如何去跟买家交易？对于新手来说，想要找到靠谱的微商货源，可以通过以下几个渠道来找到货源。

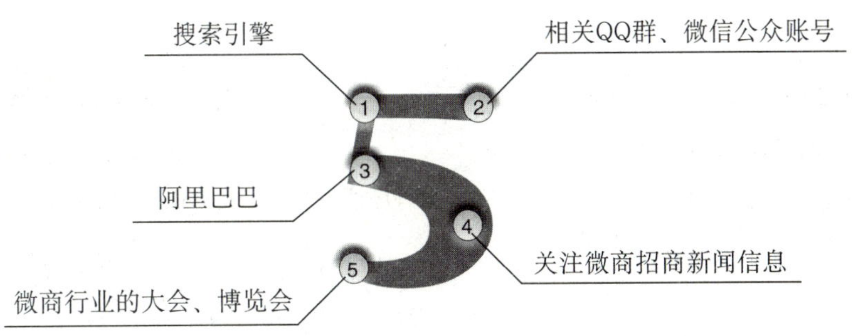

寻找货源的渠道

渠道01：搜索引擎

打开搜索引擎，搜索微商货源、微商产品等关键词，就会出现很多提供相关信息和服务的平台。目前相对比较出名的有酷有拿货网、微商货源网等。

渠道02：相关QQ群、微信公众账号

除了搜索引擎，还可以搜索微商货源的主题QQ群、微信公众账号，从大量的信息资源中筛选出符合要求的货源。

渠道03：阿里巴巴

阿里巴巴提供从原料采购—生产加工—现货批发等一系列的供应服务，可供微商们选择的货源种类最多。而且作为批发平台，价格也相对便宜。

渠道04：关注微商招商新闻信息

目前，一些知名厂商在制定了微商战略后，通常会举行新闻发布会，发布新闻信息，经常保持关注“微商招商”“微商代理”等这类关键词的新闻信息，每天都能有大量的微商信息供选择。

渠道05：微商行业的大会、博览会

这些大型的微商会、博览会经常有许多供货商参加，为新手找货源提供了非常方便的渠道。

比如，不久前举办的吉林省首届千人微商大会，就有不少小伙伴找到了自己想要的货源。

温馨提示

寻找货源一定要以产品质量为核心，建议代理产品前先自己试用产品。

4.3 寻找客源

相信每个微商都为如何寻找客源这个问题烦恼过，特别是对刚开始做微商的人来说，客源更是他们首要解决的问题，没有客源甚至连潜在客户都不知道去哪儿找的，是根本不可能做成生意的。

比如，一家服装店的老板，每天进他店的散客有100多人，那一个月下来也3000多人了。数字比较可观的这些客户都是进来看几眼就走的陌生客户，这些陌生客户可能走了以后不知道什么时候再见面，或者这辈子再也见不到了，因为老板没有满足他们的需求。

自从有了微信以后，只要是进店的顾客，不管他们有没有买衣服，这位老板就会想尽各种办法让他们留下联系方式，然后加上他们的微信。

就这样他的微信好友的数量明显增加了，一个月下来微信好友就3000多人，这单单只是实体店一个月的积累，还不算他从别的途径加的微信好友。

如果店里有什么促销活动，有什么新的款式的衣服啊，他都要拍图片发到朋友圈里，而他发一条朋友圈就有3000多人看到，这就是他店里一个月的人流量，通过这种方式直接从每月3000多元的利润上升到6万元的利润。

通过上面的案例，我们可以看到要学会充分利用自身资源，从自身已有的资源下手，把过去不重视的"废物"资源利用起来，有了微信这个沟通线，微商才能发挥更大的威力。那么微商如何利用微信来寻找自己的客源呢？按下面的步骤来做，可以有效地找到你的客源。

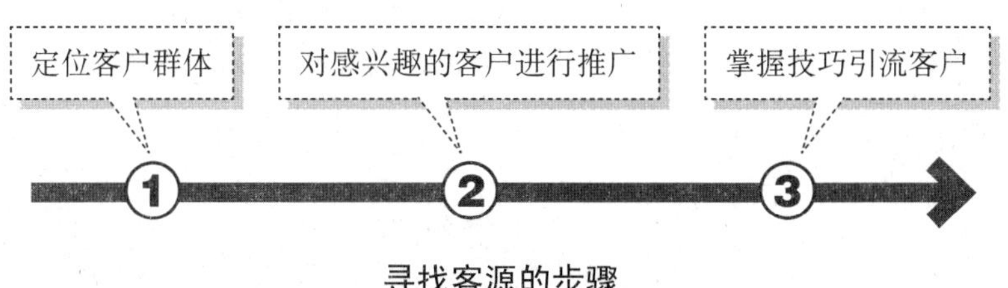

寻找客源的步骤

步骤01：定位客户群体

首先要明白你做微商的定位是什么，简单地说，就是你想要让哪些人从口袋里掏钱，购买你的产品。

比如，你是做家电的，关注这类东西的人群多以居民为主，买你东西的也是这部分人，那么你的客户群体就是居民，也就是你的定位。

步骤02：对感兴趣的客户进行推广

客户去哪里，微商就去哪里。既然你是做家电的，知道了你的客户是居民，那么你就应该去居民活跃的地方进行推广。直接找到对家电感兴趣的居民，这样才能起到最大的效果，吸引到精准粉丝的同时，也提升了你卖东西的成交率。

步骤03：掌握技巧引流客户

找到了客源，也需要一定的技巧来做好引流工作。引流就是将客户引进来而不是将自己的产品推出去。现在人人都厌恶广告，没有人愿意天天被广告包围，因此，就需要做好引流工作来增强客源。

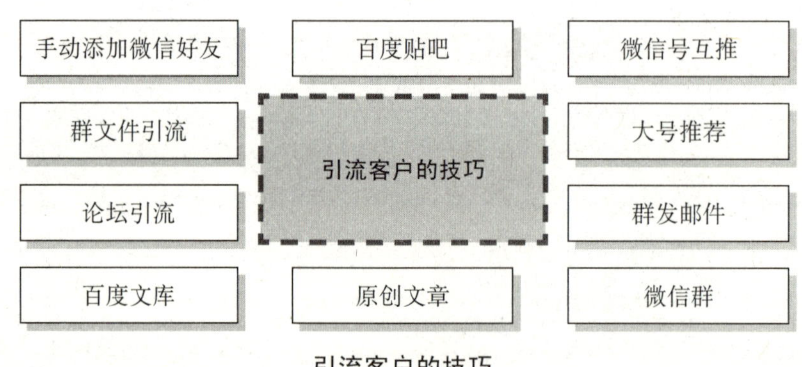

引流客户的技巧

1. 手动添加微信好友

严格来说，主动加人不算引流，但是这个工作最好每天都要做，虽然一天加不了几个，但是日积月累，力量也不可小觑。

客户微信号从哪儿来呢？QQ群。做网络营销的都知道QQ群是精准鱼塘，你只需要导出对应QQ群的群成员QQ号码，每天挨个加就行了，微信里面添加好友有3种方式，微信号，QQ号或者微信名，所以，有了QQ号码也就等同于微信号。

2. 群文件引流

QQ群这个大鱼塘，会玩的引流高手有很多种玩法，其中有一种是比较轻松的，就是做一篇价值类的文章或者文档，最好做成PDF格式的，带上你的微信号，上传到群文件。

如果标题设置得足够诱惑，会有很多人来看，在内容里留下鱼饵，自然会有人来加你，但是要设置得足够巧妙，否则也会被管理员删掉甚至直接踢你出群。

3. 论坛引流

这里就是要发布软文，在文章中间巧妙地插入微信号。但是帖子一定要写得好，有内涵，标题一定要夺人眼球，价值感强，同时要给读者足够的想象空间，诱惑他来加你。需要注意的是这篇软文一定要发在相应的论坛上，这样才能防止被删，引流来的粉丝才会相对精准。

4. 百度文库

和论坛引流一样，只不过文章的名字要注意，根据目标客户的搜索习惯来确定合适的关键词。

5. 百度贴吧

用自己的微信号注册个贴吧用户名，准备一篇以个人经历为内容的软文，比如“减肥5年心酸路，我终于瘦了”类似这样的标题，同样不能广告痕迹太重，而且也不能直接留微信号，否则很容易被删。

写得尽量真实，语气接地气点，然后分段发布，这类帖子一般反应会比较热烈，在最后可以来一句，感兴趣的加我微信（贴吧用户名称），一篇帖子加十来个人不是问题，如果能持续顶在前面，会天天有人加你。

6．微信号互推

如果你的朋友圈人数达到一定的级别，这个时候可以找一个同样级别的人互推一下，交换一下粉丝，一人1000个粉丝，交换一下每人变成2000，还是有很多人愿意做的，主动去收集一些大号的联系方式，想办法搞定他。这样做效果应该是最明显的，但是粉丝不一定精准。

7．大号推荐

和互推一个道理，就是借力。关注和你目标客户比较接近的自媒体人，绝大部分的自媒体人都提供广告业务，观察他的真实流量，付给他一笔广告费，会为你带来可观的粉丝。

参加圈子，贡献价值，想办法和牛人发生关系，搞定了牛人，他的粉丝也会变成你的粉丝。

8．群发邮件

准备大量精准客户邮箱，在正文里留下诱饵，吸引他加你的微信。

9．微信群

和QQ群一样，微信群同样也是鱼塘，所以引流的方式大同小异，一种方式是在群里经常互动，多贡献价值，吸引别人主动加你，另一种方式是暴力推广，准备大量的微信群，用小号发软文吸引客户加大号，这种方式的前提是要准备大量的微信群。

10．原创文章

这是很多微商高手最常用的一招，分享干货，只要有价值会在网上广泛传播，会为你带来大量的粉丝。总的来说，这个方法是最好的引流方法，前提是你要能贡献有价值的内容。

学会并灵活运用以上三个步骤，相信你的客源会越来越多。要做好微商，最主要的是要学会营销。而营销，归根结底是人的营销，首先要把自己推销出去，让大家对你产生好感，有好的印象，这样才会关注你的产品，购买你的产品。所以大家在选择好的产品之后，就要围绕如何在微信圈树立你的个人品牌，和大家建立一个良好的关系。一旦你在朋友心中有了一个不错的口碑，我相信卖产品自然就简单得多了。

还有比较重要的一点是，你在微信朋友圈里卖什么产品，自己一定要对所卖产品有所了解，不要有顾客向你咨询时你回答不出来，这样给顾客的感受就是你是个不专业的卖家。自己都不专业，还怎么会有人愿意买你的产品呢？

比如，你在卖产品之前一定要对该产品了解透，最好自己用过，发一些使用感受和图片对比，这样会比较有说服力。

微信朋友圈营销讲的是诚信，诚乃信之本，你的产品都不是正品，谁还来相信你，即使你今天卖了产品赚钱了，但如果你的产品不好，今天买了的客户下次就不会再来了。以人为本，才是微信营销之道。

如何确定谁是你的客户

在寻找客源前，首先要确定谁是你的客户？这就需要从以下几个方面进行自我分析。

1. 好友数量

微信上要有一定的微信好友，如果只有几十个，是无法做微信营销的，前期至少要有200个以上，必须还是高质量的好友，才能产生一定的效果。当然也可以通过后期的一些努力增加你的微信好友。

2. 好友印象

你也许会说，不就卖个东西吗，跟你的个人品格有什么关系啊？如果这样看，那你就大错特错了。如果你是摆地摊的也许不需要，若在微信上卖东西，可能就有关系了。也就是说你平时和朋友、客户、同学等关系处理得如何，你在朋友圈的口碑是否好；大家对你的评价如何，这一点也是非常重要的，大多数的生意都是先从身边的朋友开始的，如果朋友对你都不认可，都不支持，你怎么说服其他人？

3. 社会资源

社会资源需要一定的阅历，对于刚刚毕业的大学生来说比较难，但是对于那些已经工作几年的朋友就容易多了，除了你的同事以外，你肯定还认识和结交了一些其他的朋友，如客户、合作伙伴等。有没有一定的社会人脉资源，对你做微信营销起着非常重要的作用。因为他们都是社会的中坚力量，有钱，有人脉，能够得到他们的支持，将会取得一个很好的回报。

4. 文案功底

微信营销往往要靠你的文案打动买家，如果你不会用文字描述，只发图片，根本无法打动别人。一个好的产品，需要一个会说话的文字去支撑它，这样才有生命力。如卖衣服的朋友，你直接将衣服图片和衣服的颜色、款式、码数放上去，你觉得会有效果吗？你经常这样，你的朋友都厌烦了，关系好的朋友还好，如一般关系或者不认识的朋友，他们肯定会把你拉入黑名单。所以，做微信营销，必须有一定的文字功底，不需要你的文案有多好，至少你要把该产品描述清楚，说得明白。

5. 营销能力

营销能力也是不可忽视的，小米为什么能成功，就是他的营销能力强，在网络上这一点是非常重要的，我们都说了是做微信营销，所以当然离不开营销二字。

4.4 添加好友

很多人刚开始做微商时肯定是在朋友圈，或者QQ空间里面刷广告的，刚开始估计还会有点效果，但是时间久了之后不是被屏蔽就是没有生意。朋友圈本来就是个私密的熟人圈子，之所以微商能在朋友圈风生水起还是因为信任。

当下有一个不得不面临的问题：就是微信里你的好友数量和购买力不足以支持你微商事业的时候，你就需要多添加一下精准客源进行朋友圈营销。可有一部分人不仅不被反感屏蔽，而且还偏偏卖得俏，这是什么原因呢？下面告诉大家做好微商的几个关键点。

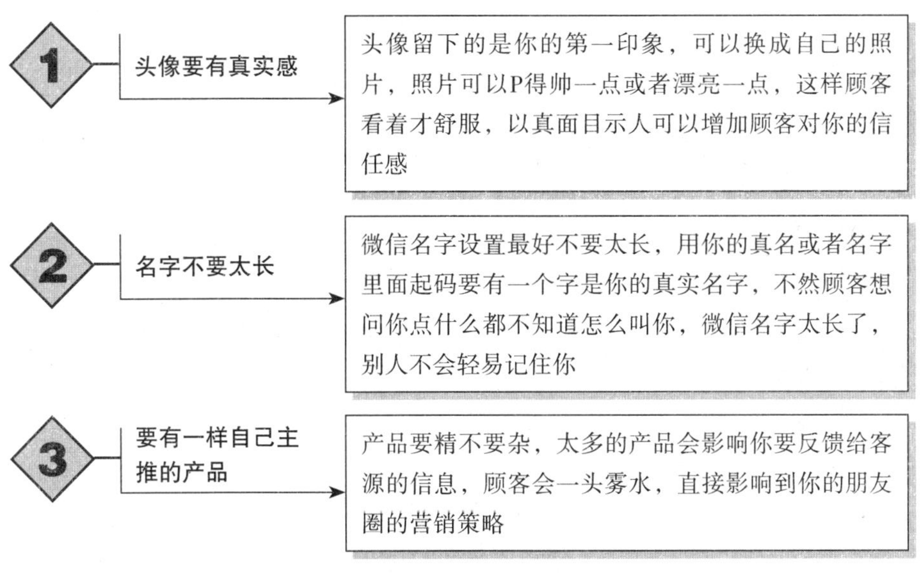

做好微商的关键

了解了以上几个关键点，那微商该如何添加好友呢？下面给大家支上几招。

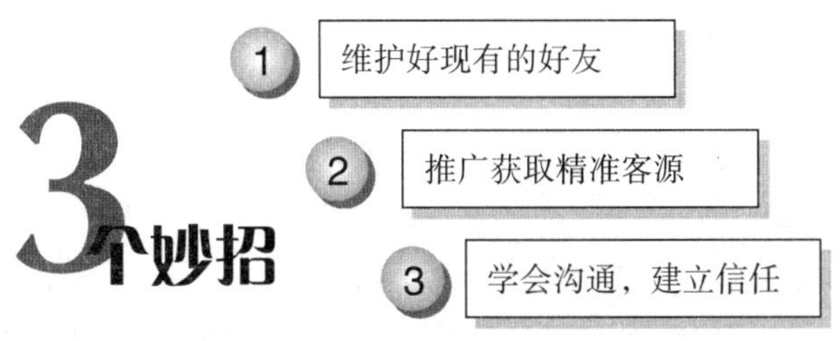

添加好友的妙招

妙招01：维护好现有的好友

做微商如果是去主动找人加，就算加了，也不一定是精准客源。所以，不

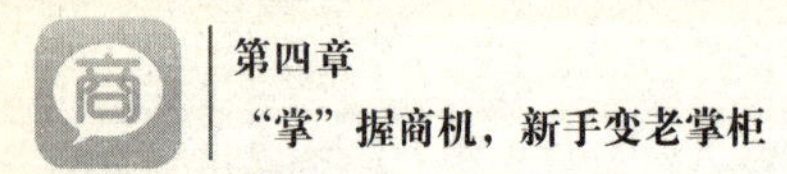

要盲目地去加客户，然后推销你的产品。

其实做微商，线上和线下同样重要，你把网络中的朋友，转化为现实中的朋友，这是一门非常深的学问，需要你用心地和客户交流，创造一个良好的沟通环境。当你用心地和每一位客户沟通感情时，会给你带来更多的客源。

主动去加一些僵尸粉，还不如好好地去维护你微信里面的这些客源，或者一百多个好友，只要你维护得好，就会有回头客，数量不在于多而在于精。

妙招02：推广获取精准客源

如何找客源和加好友，并做好引流的工作，相信这是每个新手微商最关心也是最头疼的问题。一个成功的微商，都是让客户主动来找你，引流的客源越精准越好。

其中软文是最好的方法，或者百度搜索关键字，能找到你的客户基本都是"陌生人"，而不是大家所说的微信发展过来的"熟人圈子"。有些时候做熟人的生意有点难为情的样子，因为不知道该不该赚朋友的钱，而自发加你微信的人，在了解市场价格的情况下，反而更容易促成交易。

妙招03：学会沟通，建立信任

要学会聊天，大家都知道，其实做销售就是要会说话。做微商是一个看不见对方的销售，相对于现实中的销售来说，更加复杂一些，这时语言就是我们最好的沟通方式，它会提高彼此的信任度。

这就需要我们用心地去发现每位好友的需求，比如说去客户的空间或者朋友圈看看他平时的状态，找到话题的切入点，当你与客户之间的那种信任建立起来后，以后的产品推广就容易多了，至少和你聊天的朋友他不会反感。

温馨提示

在沟通中千万不要有一种赶鸭子上架的心态，遇到客户就急于想去成交，也许这个时候耐心显得尤为重要。

微商如何提高自己的信任度

想要让客户购买你的产品就需要让客户信任你。如果客户无法信任你是不会有成交的。如果你们是相互认识的，那已经有了基本的信任，只要产品是他所需要的，价格又合适，那基本就能达成交易。

那么对于不太熟的朋友怎样去做呢？

1. 一定要让客户相信你的产品

如果你是卖面膜的，那就一定要让他相信面膜是有效的。操作上可以出具证书、自己或朋友用过的感受。当客户对产品有一定的信任，但是还略带怀疑，这时候可以推出一些促销政策：比如买一盒面膜送一片单片；单片用了以后如果效果不好整盒退回可以退货。相信这个政策一推出，所有正在观望的朋友都没有后顾之忧了。

2. 塑造自己的诚信度

微信卖货就是以你个人的名义在卖，所以名字一定要是你的真实姓名，头像也必须是你的真实照片。同时，你要经常拍一些工作场景的照片（有具体的单位或地址，这样大家的信任度会更高一些）；也可以经常晒一些自己使用产品的照片，包括你的家人也在用产品的图片，让客户感受到你是一个活生生的人，并将使用产品的感受分享给大家，久而久之，客户终会慢慢地信任你。

3. 经常和朋友互动

再熟悉的朋友长年不联系也会变得陌生，而陌生人如果经常聊天也会变成熟人。因此，只要有时间就要和你的朋友们聊天、评论、私信、语音等等。和她们聊一些共同的话题，例如育儿、旅游、护肤心得、养生等等。总之，找到对方感兴趣的话题都可以去聊。

4. 谈单，也就是“转化”

光聊天不成交就像光谈恋爱不结婚一样是在浪费时间，最终聊到了一定的程度，大家肯定也会关心你最近在忙什么，很简单，让她们看你的朋友圈，告诉她们你在做这样一件事情，就是卖面膜，因为自己用了好，又有货源优势，所以感兴趣的话可以一起来做这件事情。当然要想把这件事情作为生意，自己一定要用产品，此时就一定要让对方先用产品，用出感觉来了，再谈做这个生意的具体方法和步骤。

4.5 产品推广

做微商，光有好的产品，客户也不会主动找上门来，还是得做推广。相信大家都听说过这句话：要卖产品，先卖自己。特别是做微商，更是如此。那么如何做好产品推广呢？下面为你一一道来。

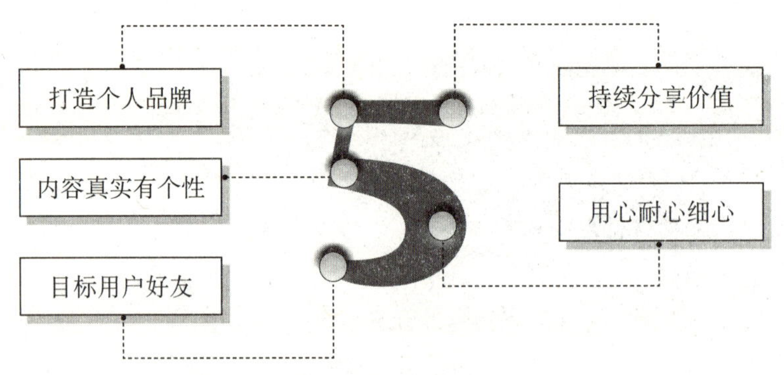

产品推广的策略

策略01：打造个人品牌

做微商，用户的信任很关键，所以要打造自己的品牌，头像就是你的LOGO，名字就是你的商标，把微信名称设置得简单、直接、明了一点，比如可以用自己的名字、品牌名、产品名、公司名，当然最好用品牌名+自己的名字。头像设置成清晰的公司LOGO或者是产品照片，当然设置成自己的照片也没问题，但是自己的照片要很大方，最好是半身照或是自拍大头照。好的名字和头像，除可以让别人快速地记住你之外，还可以对你产生信任。

策略02：内容真实有个性

微信内容要真实，个性标签要鲜明。微信内容除了发布产品相关的信息外，还可以发布一些自己的工作和生活的内容，有必要将自己真实的一面展现在大家面前。每个人的生活都是不同的，让朋友圈的小伙伴们感受到你的真实感，存在感，从而对你产生兴趣和信任。

策略03：目标用户好友

对于做微商的人来说，无论你的产品多好，没有目标用户为好友一切为零，因此，我们要想方设法地增加目标用户为好友。

首先，将QQ好友和手机通讯录的朋友全部加上，比如同学、同事等，这些人或多或少跟你是有联系的，是有信任度的人；其次，搞明白你的目标用户是哪些群体。

比如你是做韩国护肤的，那么，你的目标用户就是年龄在18～40岁之间的在校大学生、高级白领、时尚辣妈等，可以在这些目标用户聚集的QQ群和论坛多分享些与美容护肤相关的干货文章，文章中加上你的微信公众账号，这样就可以吸引不少目标用户加你为好友。

策略04：持续分享价值

做微商需要有分享精神，通过分享可以让自己得到曝光率，介绍产品不一定非要说自己的产品有多好，价格是多少，大家应该购买，这是赤裸裸的广告，可以换一个角度来说。

比如卖面膜，我们可以分享些面膜的使用方法、注意事项、护肤知识等等，也可以发些客户的使用感受和案例，再顺便提一下自己的面膜，这样绝对比直接发广告效果好，而且客户会更加的高端。

策略05：用心耐心细心

做微商，只要你肯用心地去做，肯坚持就一定会成功，如果你半途而废，是不可能成功的，一口吃不了一个胖子，要循序渐进，可以把产品赠送给一些有影响力的红人，也可以做故事营销、情感营销等，无论是售前、售中，还是售后，都要耐心细致地把每一位客户服务好，让客户觉得不仅你的产品好，服务也好。护肤品是消耗品，只有积累用户群体，用一颗坚持的心才能更好地发展微商，把微商做大做强。

你的产品为什么卖不出去

成千上万的微商大军中，为什么别人的生意做得风生水起，而你的产品卖不出去，问题出在哪儿呢？其实像这种情况在微商新手中是很常见的，有的微商做得好，有的的确做不好，要善于去总结，发现自己的问题出在哪儿，并去改变它，就会有进一步的提升与收获。那么常见的最大问题有哪些呢？

1. 营销文案与推广没有一个合理规划性的布局

目前为止内容营销是大部分微商普遍的做法，一名优秀的编辑能够抵得上200个优秀的销售人员，如果只是微商一个人做原创的内容营销，除非文案很优秀，其他的一般不建议，可以关注一些符合自己产品的微信号或者公众账号，复制他们的精品内容，加上自己的一些观点，这样基本上一篇好文章就出来了，当你的文案营销完成后，还要有一个基本的营销规划。比如可以在微信公众账号里面做内容营销，如果有条件最好还可以建一个网站，或者博客，把这些内容都记录下来，因为这样做的目的是为了让微商更加具有规范性。

2. 不会利用各种资源来推广自己

平时要多加一些微信群，以及其他的群，可以在群里多发发招募信息，多多推广宣传自己，多加一些QQ群对自己总会有很大的好处的。多与客户互动，联系客户，常常为别人点赞，以及用各类社交方法来推广自己。

3. 产品不会与客户成交

微商们每天都在朋友圈上发布产品信息，其实你的客户已经知道了你所卖的产品信息，不必再去跟客户强调产品质量有多好，有多优惠，而是要增加客户对你的信任感，可以发一些好评，一些成交记录及卖家晒单信息，或者在有保障双方合法权益的地方开一间微店，显示你有实力。

微商卖不出产品的最大问题，就是缺乏信任感，以及其他营销方面的技巧没有完全掌握，微商们要善于总结和发现自己的问题，在移动电商发展迅速的情况下，自我完善才能更好、更快速地做好微商。

4.6 维护关系

在做微商的时候，也不一定非要有太多的客户，只要将现有的粉丝、用户的关系做深，维系老客户，提升购买频率，就能够形成持续购买。这时候做人的关系是核心，维护老客户是核心，提升复购率是核心。

那么微商该如何维护与老客户的关系呢？下面为您介绍几个维护老客户关系的技巧。

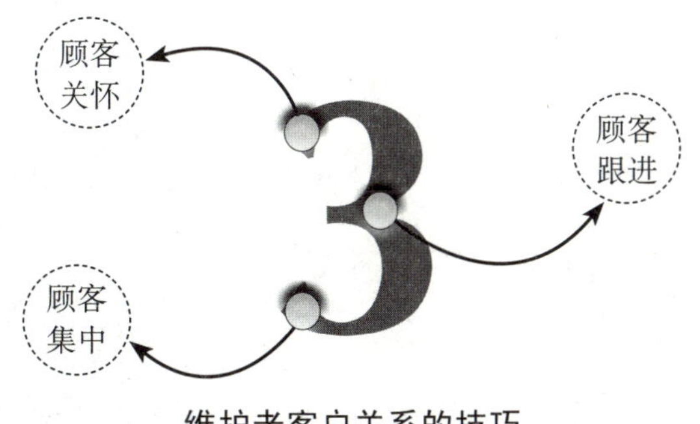

维护老客户关系的技巧

技巧01：顾客关怀

能够成为你的顾客说明是非常信任你的，所以不管在产品质量方面还是后期服务方面一定要做到位。要多注重细节，千万别卖了产品之后就不管了，不闻不问。

比如，发货之后一定要通知顾客并且把单号告诉顾客，经常跟进快递进度，等快递到达对方的城市可以做一个温馨提醒：“亲，给您发的货已经到××了，随时保证手机畅通哦，祝您愉快！”这样的话会令大多数的顾客觉得温馨，感觉自己被重视。

顾客感觉温馨了，即使收到货物不是十分满意心情也不至于会差到哪里。在产品的使用期对客户的关怀更重要，她买你的产品出于什么目的，一定要在产品使用期间给顾客一些这方面的经验。

比如，顾客为了补水购买你的产品，那在顾客使用期间你应该多分享一些补水的经验给她，并且告诉她怎样使用产品效果会更好一些。如果该产品自己用过的话，可以分享一下自己使用的感受。

技巧02：顾客跟进

一定要跟进每个顾客的进度，了解每个顾客的使用时间，以便自己可以估计顾客产品是否快用完或者已经用完。

比如，你卖了护肤品给顾客，可以问顾客上次买的产品用到现在感觉怎么样？用了多少？有什么效果？如果顾客说用着没啥感觉，没啥效果，你可以这样给顾客解释：嗯，每个顾客我都做了回访。有的人用了两个月都没啥效果，有的人用一个星期就有效果，可能与个人皮肤的吸收能力有关。有个顾客和你差不多也是没啥效果，但是又买了一份坚持用，现在效果挺不错的。

技巧03：顾客集中

把产品的忠实粉丝（这个自己有感觉）集中起来，建立一个微信群，以交朋友的方式去聊天。让每个顾客更了解你，更能维护回头客。已经聊成朋友了，她再需要这产品的时候一定会来你这儿买的，而且还会推荐给她的朋友。要知道，每一个忠实客户背后都有一个潜在的客户群体。

微商如何做好客户关系管理

想必大家都很清楚，要想做好微商很重要的一个基础就是粉丝，粉丝来之不易，那么我们做微商很重要的一个工作，就是如何留住这些来之不易的粉丝，下面详细介绍微商应如何做好客户关系管理。

1. “人情味”是商业时代的稀缺资源

在传统意义上，我们所认为的客户关系维护，基本上都是基于电子系统的常规性关系维护，从销售初期建立客户关系，获取客户信息，到售中和售后的环节进行一些定性的回访。这样的客户关系维护客户当作“没有客户关系维护”，甚至我们所做的某些动作（电话回访、上门拜访，新产品推荐等等）几乎成了一种骚扰性的行为。不但没有赢得客户深入的忠诚度，还让客户对品牌的印象越来越差。

对于一些真正的大客户、重点客户来说，缺的不是一点点的利益，而是品牌能够给到他充分的尊重和理解，成为最懂得自己的品牌，即有“人情味”的品牌和销售人员。

比如，你去拜访一位大客户，她对产品表示不满意，客户看到你精心为她准备的鲜花时感到了喜悦，虽说对于这样层级的客户来讲，一束花并不怎么贵重，却代表了诚意。在与客户交谈的过程中，你询问了她的家庭和孩子的教育情况，最后给她提出一些关于小孩教育的建议，最终与客户成为好朋友。后来，这位客户还推荐了她的朋友购买产品。所以，客户关系维护，一定要做到有“人情味”。

2. “持续性”是客户关系维护的基本维度

在传统的客户关系维护工作中，基本上是以阶段性为主，即都集中在购买前对客户非常重视。但是一旦成交以后对客户的关怀就开始淡漠，甚至发生了投诉及售后问题就更加被动去处理。

这样的关系维护是不具备持续性的。持续性的关系维护是基于“老客户是最重要的资源”的理念，无论客户购买时间的长短，都应该有持续性的维护，让客户成为品牌在客户群中的“代言人”。

3. “增值性”是客户关系维护的高级境界

客户关系维护应该做到“无功利性”，即不是以赤裸裸的买卖为目的关系维护。更重要的是要对客户有“增值性”。

比如产品的定期维护保养、老客户的特殊政策和活动。让客户感觉到品牌源源不断地给予关注和关爱。

4. “社群性”是客户关系维护的最大竞争点

就像目前最热门、最成功的软件基本都基于“社交”功能一样，客户的需求除了商品本身以外，对于社交的需求及社会关系的需求更为强烈。品牌除了提供服务以外，实际上也是一个庞大的“社会关系平台”，在客户群中也有不同的分类，但是一般情况下，这些同类圈层的客户都处于独立状态。如果品牌在客户关系维护活动中，能够基于圈层来创造客户关系社群，将在很大程度上建立起客户的黏性，并超越期望。

5. “即时性”——学会利用现代移动互联工具

微信、微博及电子商务平台的超快发展，为品牌进行客户关系维护创造了技术条件。如果品牌能够很好地利用现代移动互联工具，对客户信息和客户社群开展管理，将创造更加愉悦的客户体验。

4.7 微商代理

目前，微商的发展模式主要还是以层层代理为主，许多想做微商的新手都弄不明白，到底什么是微商代理？微商代理就是拥有产品授权，货源可以直接从厂家拿，或者也可以自己寻找货源。做微商代理可以发展下级代理，把货发给下家赚差价，自己也可以拿来卖。

还有一种就是不用自己囤货，没有压货压款的风险，可以由你的上家给你发货，你只需要拿图发广告，卖出产品你就赚钱了。

了解了什么是微商代理，那么微商代理该怎么做呢？

方法一　尽可能多的利用社交媒体搭建营销平台，最后尽量引流到微信中

比如淘宝店、微店、新浪微博、QQ空间等社交工具，展示的平台越多对你的营销越有好处，但微信是最好的客户关系管理工具，所以最后一定要把潜在客源都加到微信上来管理

方法二　亲自体验代理产品，做到知“己”

顾客不了解产品，她们更没有耐心仔细看说明，如果你自己都不了解产品功效，顾客就会觉得你很不专业。而且只有亲自试过的产品，才具有说服力

方法三　坚持每天分享代理产品信息，增加曝光率

每天坚持发布代理产品的信息，如果有顾客反馈更好，将使用产品后的感受真实地表达出来，让朋友圈的人多多了解你的产品

方法四　如果有时间，最好自己拍产品图

现在做微商的大多都是机械转发别人的图片，一点创新意识都没有，更别提形成自己的风格了。这样的可信度也很低，顾客需要的是个性分明的你

方法五　代理什么样的产品，就要学习什么样的专业知识

如果你是洗发水微商代理，就一定要了解头发护理知识；如果你代理的是减肥饮品，就一定要了解健康减肥的常识；如果你代理的是服饰，就一定要了解时尚搭配……这样你的客户才会觉得你够专业

做微商代理的方法

随着微信的发展，不少人开始利用它来寻求商机。一部手机，一个圈子，

就可以实现商品的买卖。“微营销”的出现也就是我们所说的微商。没错，就像是10年前的淘宝一样，这就是新的商机。但对于刚入门的微商而言，微商代理到底选择什么产品好呢?

微商代理如何选择产品

选择01：易消耗品

比如最开始在微商上爆红的面膜产品就属于易消耗品。一般面膜是2～3天敷1次，1盒面膜5片差不多能用2个星期，1个月大概需要用到2盒面膜，但现在生产面膜的厂家太多了，产品真假难辨，市场拿货价格混乱，想在里面分一杯羹很难。

但是如果我们做洗护产品，情况就不一样了：竞争少，十个微商里面，可能只有一个是卖洗发液的，家里人人都要用洗发液，而且洗护产品的利润据说都是相当可观的。

选择02：品质过硬

好的产品才能持续发展，这一点毋庸置疑。在选择微商代理产品的时候，无论你想卖什么，或者你在卖什么，一定要选择做正品，千万不要选择三无产品或者是小作坊产品。

如果我们能给客户带来放心、带来价值，客户也会对我们更加信任。反之如果用A货（仿品）、假货、残次品欺骗朋友的信任，一旦信任决堤，将永远无法挽回。所以产品的质量一定要过硬。

选择03：易展示易传播

微商大多数是在手机端宣传推广产品，手机的屏幕就那么大，复杂的商品很难看清细节。例如服装，图片和文字展示其实都很难去完整表达这件衣服到底如何，所以要避开这样的产品。

选择04：竞争相对较小

选择的产品最好竞争相对要较小，不要太激烈。现在很多人在微信里面卖衣服、鞋子、包包这些商品，结果往往不是很理想。因为大家都有在淘宝购物的经历。试想一下淘宝卖得最好的类目是什么，就是这些衣服、鞋子和包包，那我们为什么还要在微信上卖这些东西？这样直接去和淘宝竞争，淘宝上这些东西的价格都是非常有优势的，所以竞争一定非常激烈，很难做大。

选择05：通用性强

另外在考虑微商代理产品的时候，所选的产品必须要有一定的市场、人群，并且这个人群能不断扩大，满足业务的扩张。这个人群最好是品质生活或高端生活的人群，我们做的产品是他们生活中不可缺少的个性化的用品。

比如美容、护肤类的产品等；或者是功能性的产品，比如佩戴型、礼品型、保健型的产品等。这点对于刚进入这个领域的新手微商而言特别要注意，除非是掌握了一些特殊的人脉或者商品资源，否则不要轻易去尝试做一些小众产品，例如：字画、紫砂壶等等。

如何寻找上家

一个好的上家可以对你的微商之路起到很大的作用，那么，怎样的一个上家才算得上一个好上家呢？就是那个能够给你提供优质货源的同时也愿意跟你分享的人，或者培训你关于微商知识技能的人，因为有的微商上家只顾给你发货，后续的事就不管不问了。我想每一个微商新人对于这样的情况也是很苦恼的，因为刚起步的你，需要一个好的引导，好的老师，能够找到一个愿意引导自己的上家是一件多么幸运的事，一个靠谱的上家，他的产品质量、专业知识、社交能力都是要被认可的，这样你才可以在营销的同时学到更多的知识，才能更快地融入微商营销的轨道上。

（1）可以看一下这个上家有没有时间教你。

（2）我觉得其实就是缘分，有的代理能找到其他的低价，但是不走，一直跟着之前的上家，就是觉得上家对他很好，她们很有缘，所以就会一直选择她。

（3）要看上家有没有打假的信息。

（4）再有就是团队，加入一个好的团队会让你特别放松，身心舒畅，快乐地赚钱，每天都有人分享心得和经验，你会在不知不觉中学到很多。

以上四点就是怎么选择产品和上家需要注意的地方。

如果你身处一个钩心斗角的团队里面，挖代理、挖客户，稍有不对的地方就有人向上面打你的报告，平时在群里零交流。你有一些实拍的买家秀照片，他话都不跟你说，就直接拿走传到自己的朋友圈或者空间里。发现你做得特别好，就以你的名义来做虚假宣传，造成不正当竞争。这样你就会发现，你过得特别累。如果说一个好的上家是给你提供舞台的人，那么一个好的团队就是让你在舞台上发挥作用的人。

需要注意的一些误区：

误区一：喜欢看哪个上家赠送的礼品多

要知道礼品数量并不等于质量，好的东西一样就够了。比如适合新手操作推广方法，这一样就足够你赚到不少钱了。俗话说赠人以鱼不如授人以渔，就算他

给你再多的礼品，但是就不教你营销经验，你还是没有营业额，那么他送给你再多的礼品顶个屁用？

误区二：喜欢给大批发商的代理

喜欢到那些厂家声明授权的大批发商那儿做代理，以为他们能教会自己可以赚到钱的推广方法，其实不然。首先，他们很忙，真的很忙，不缺生意；问多了就烦了，会不会耐心指导你，就看你的运气了。其次，他们的权威以及信誉都是厂家授权的，卖不出去才奇怪。他们的推广方法，对于信誉低的新手是否仍旧可行呢？

误区三：去低价批发的人那儿做代理

首先你要知道你做代理的目的是什么，主要代理的是上家的服务和经验，低价批发的人先不说他违反官方规定会被封杀的问题，就说他的低价销售吧，他自己都只能靠低价才卖得出去，你觉得他能教会你什么？更低价的销售吗？那你还赚什么钱？所以说一个好的上家会带你走上一条明路。

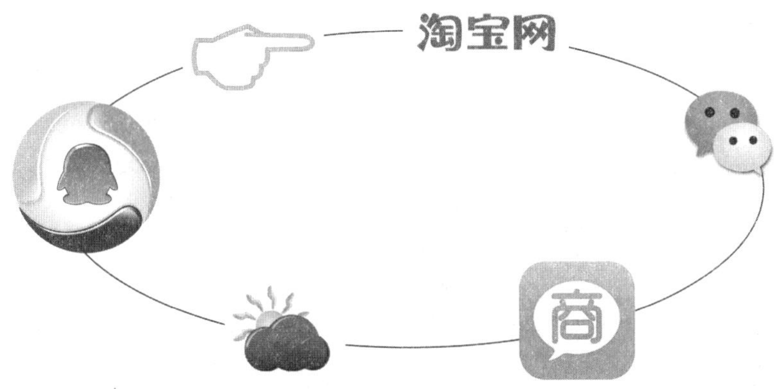

第五章 借势“互联网+”，搭建微商平台

2014年微信已经带来了1000多万的就业人数，而微信将面对第三方平台开放专门的、有针对性的接口，以便获得商户信息的管理权。不得不说，2015年必将是微商的爆发年，微商的发展会更加迅猛。微商必将走向行业规范化，产品走向阳光化，微商操作将平台化。那么微商怎么做？微商有哪些好的平台呢？

5.1 微店

从广泛意义上讲，微商平台可以指所有的社交软件，即只要可以发表产品图片、分享以及跟好友互动的社交软件。QQ空间、微博、微信朋友圈等一切社交软件，都可以成为你做微商很好的平台。随着微商街、微商联盟等等出现，微商的发展锐不可当，微店作为微商最重要的平台，也顺势发展起来。

微店对众多想发家致富的创业者是很好的选择。淘宝就像商场，大而全，但杂而乱；微店就像你喜欢的路边小店，胜在方便，风格基调，各有市场。进驻微店资金、人力等门槛较低，大大降低了开店的成本，风险得以有效控制。此外，有大量与微信接口的微店工具可以选择，使用简单，人人都能学会。下面我们来具体了解一下微店都有什么特点。

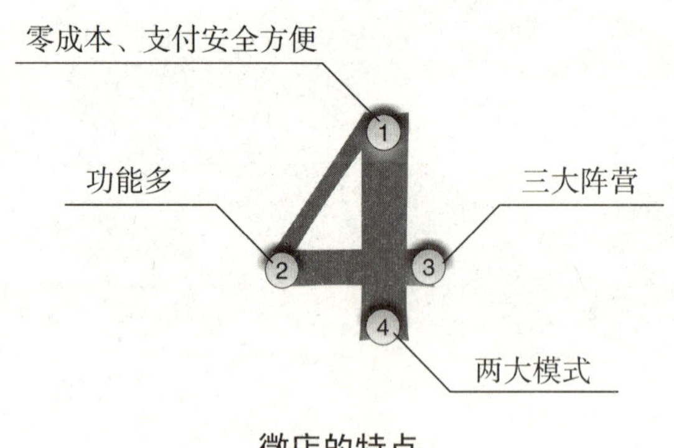

微店的特点

特点01：零成本、支付安全方便

微店完全免费，所有交易不收取任何手续费。而且账期短，交易次日，微店即会将货款提现至你的银行卡，让你及时回款。

支付安全方便，支持信用卡、储蓄卡、支付宝等多种方式付款，且无须开通网银，安全又方便。

特点02：功能多

微店具有以下几项功能。

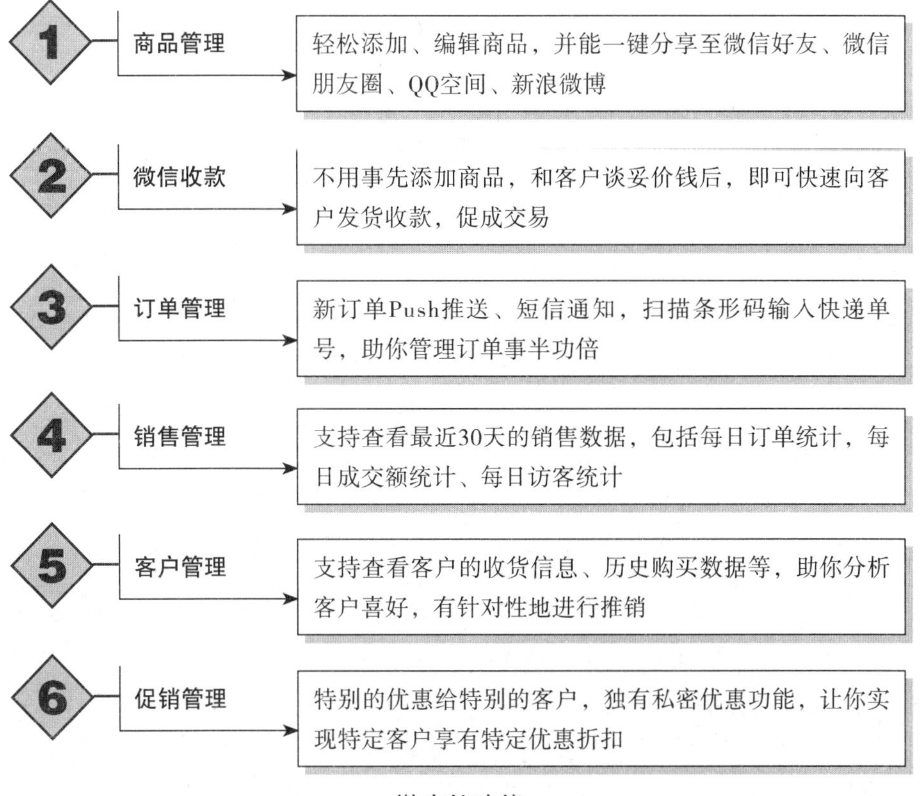

微店的功能

特点03：三大阵营

三大阵营的特点如下图所示。

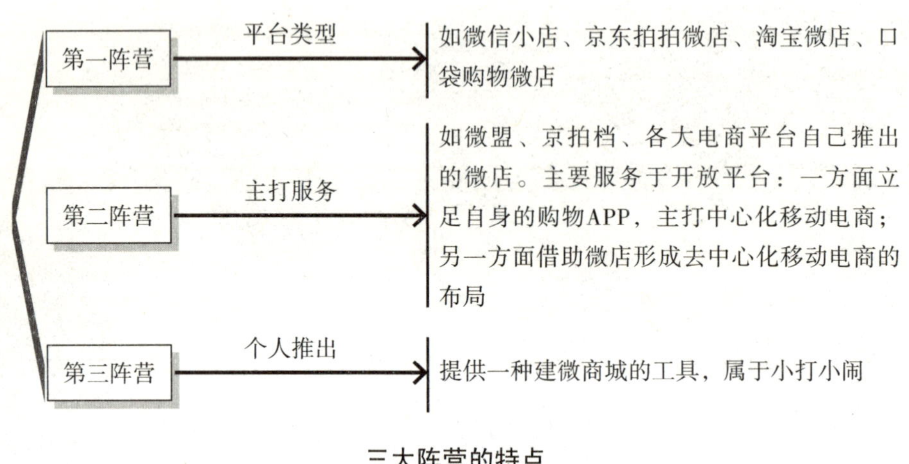

三大阵营的特点

◆ 资讯导航 ◆

国美在2015年3月召开的“构建国美全零售生态圈”发布会上表示，将由“全渠道战略”升级为“全零售战略”。国美总裁王俊洲称，国美今年将开设10万家移动微店，目前已在厦门、西安两地进行大规模试点，开设微店1万余家。通过开设移动微店，国美员工可以与朋友圈的顾客进行1对1交流，为顾客推荐更好、更优惠的商品，达到为国美在线引流的效果。

对于移动微店具体运营的细节，国美在线董事长牟贵先表示，将采取上线独立APP与微信公众账号同步运作的方式。据悉，国美现有全职员工达到30万人，移动微店将由国美员工开设。

国美集团首席财务官方巍在此次发布会上透露，国美去年线上业务交易总额（GMV）达到77亿元。在此前国美公布的年报数据中，报告期内国美电子商务总交易额同比增长84.41%，移动端新增用户数同比增长97.2%，移动端交易额已占线上交易总额的19.4%。

特点04：两大模式

在各类微店中主要分为两类模式：

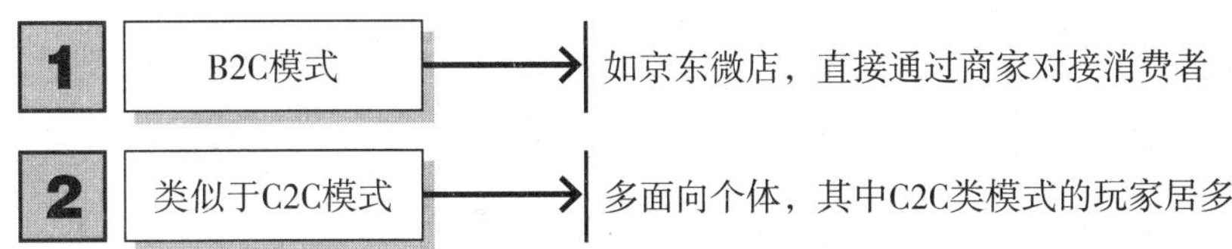

微店的两类模式

微商如何选择一个好的微店平台

2014年，做微商赚得盆满钵满已是不争的事实。有了微商，自然也有为微商提供的平台，那就是微店。微店可以说是微商的必备开店工具，是微商不可缺少的一部分，那么目前市场上那么多的微店平台，选择哪一个好？

目前微店市场让人们所熟悉的有拍拍微店、京东微店、易米微店、口袋微店、喵喵微店。这几款微店都占据着一定的市场份额。拍拍和京东都有门槛，因此不是微商的首选平台。拍拍微店今年也推出了微店手机APP，起家较晚，算是后来者，但也有一定的门槛。下面我们就介绍一下另外三款免费微店的比较。

1. 易米微店

在微店行业中，目前营销功能最强大的莫过于易米微店所属，要不然也不号称为宇宙中功能最强大的微店，易米微店的营销功能的确非常多。适合各类微商选择需要的营销功能，大微商有大微商的用法，小微商有小微商的用法，反正是适合于所有大中小微商的一个微店营销平台。

唯一的缺点就是在平台美工方面还需要提高。

除各类功能外，易米微店还为微商们提供免费的导流。交易也不收手续费，是个首选的平台。

2. 口袋微店

口袋微店在功能上稍逊易米微店，也是不收手续费的，也有导流。

3. 喵喵微店

喵喵微店是个可爱的微店，唯一的遗憾就是功能与易米及口袋没法比，对导流方面支持的力度也不特别强大。

喵喵微店是专为女性打造的微店，强项就是专给女生提供开店服务。喵喵微店是每天满5000元订单收手续费，不满5000元则不收费。

纵观微店市场，目前比较热门的也就这几个。各有优点和缺点，微商们可以根据自己的需求选择平台，来提高自己的订单。

5.2 微信小店

2014年5月29日，微信公众平台宣布正式推出“微信小店”。微信小店是基于微信公众平台打造的原生电商模式，包括添加商品、商品管理、订单管理、货架管理、维权等功能，开发者可使用接口批量添加商品，快速开店。

“微信小店”的上线，意味着微信公众平台上真正实现了技术“零门槛”的电商接入模式。下面我们来具体了解一下。

了解01：开店条件

想做“微信小店”，必须有几个先决条件：

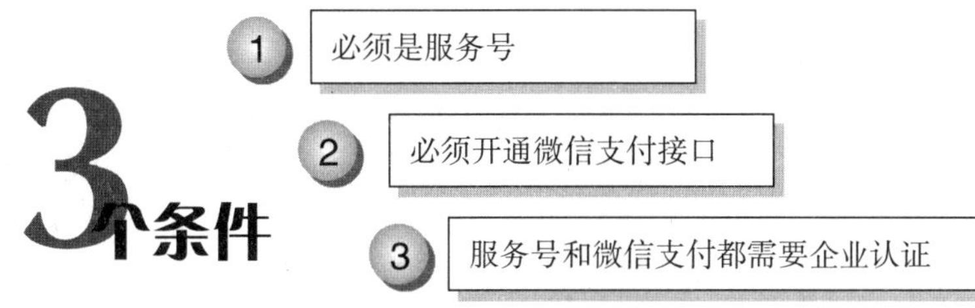

开“微信小店”的先决条件

只有具备了上述三个条件，才能开通“微信小店”。

了解02：开店步骤

公众账号可以通过以下五步，完成微信开店。

第一步：添加商品

首先选择类目，然后再按照指引填写商品的基本信息，包括商品名称、商品图片、运费、库存、详情描述等。

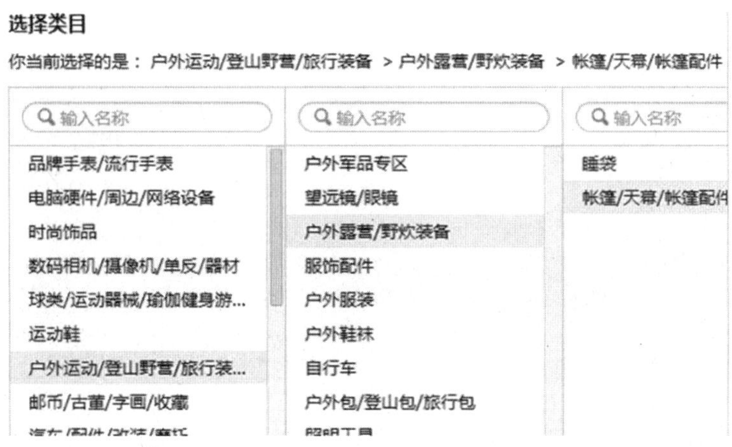

第二步：商品管理

商品管理有以下两个功能：

（1）商品分组管理：可以设置不同的分组来管理商品，分组可用于将商品填充到货架中。

（2）商品上下架管理：可以快速对商品进行上下架操作。

第三步：货架管理

货架是商家用于承载商品的模板，每一个货架是由不同的控件组成的。选择完货架之后，商家可以将分组管理里面的商品添加到货架中。

将编辑好的货架点击发布，然后复制链接，链接可以填入自定义菜单中，或者下发商品消息中。

第四步：小店概况

可以查看小店所有的数据信息：订单数、成交量等。

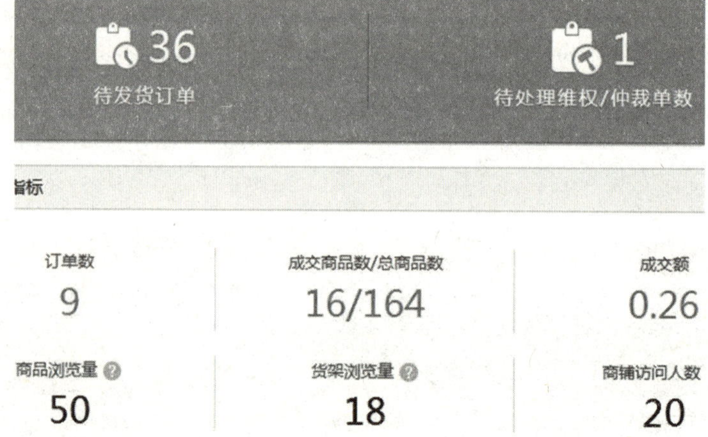

第五步：订单管理

用户支付成功后会生成一笔订单，商家可以查询订单，并进行发货等操作。

订单管理

订单编号 买家昵称 商品名称或编号

下单时间 最近7日 最近15日 最近30日 2014-03-10 至 2014-04-08

全部订单 待发货 已发货 维权中

全选 发货

商品	单价/数量	总金额	买家昵称
订单编号：7197417460812588239			
男式衬衫 颜色:浅蓝色	¥0.01/2	¥0.02	hugo

了解03：“微信小店”的优劣势

互联网业内人士表示，“微信小店”的出现是微信有序开放的又一个标志，也是微信在电子商务领域的一种新探索，必然为商家以及整个电子商务生态带来新的无限可能。此外，“微信小店”的推出可以更好地规范微信公众平台的生态环境，建立统一标准的接入服务，为业界拥抱移动互联网搭建更好、更便捷的平台。

1．优势：卖家开店更容易，买家支付方便

感觉挺方便，刷微信的时候顺便就能看看。虽然微信小店还是个新事物，但不少店主为了推广商品都会有一些优惠活动，比较实惠。

“微信小店”需要对接微信支付的服务号，就是必须是公司，不能是个人。这限制了“微信小店”的发展速度和商品类别的丰富，但是也在一定程度上保证了商品的质量。

“微信小店”的上线意味着企业转型电商将在技术上实现“零门槛”。总的来说，“微信小店”是基于微信公众平台打造的一套原生电商模式。有了“微信小店”，即使没有技术开发能力的商家，也能很容易地接入微信公众平

台实现电商模式。同时，部分有开发能力的商家，也可以通过相关的接口权限更方便管理商品数据等。

2. 劣势：功能不齐备，无法搜索比价

虽然正式的“微信小店”功能已经上线，但并非所有人都看好这项服务的前景。“微信小店”只适合刚刚入门的小微商户使用，随着小店销量和规模的扩大，“微信小店”提供的功能还是略显单薄，所以大部分商户可能还需要采用第三方的微商店系统来满足自己的一些基本的营销和会员管理功能。

在绝大多数用户的概念里面，微信更多的还是一个社交软件，利用微信公众平台推出“微信小店”，让“朋友圈”掺杂商业因素，是否会影响用户体验，还有待市场和时间的考验。

了解04：微店与“微信小店”的区别

微店与“微信小店”有什么区别呢？下面我们来具体了解一下。

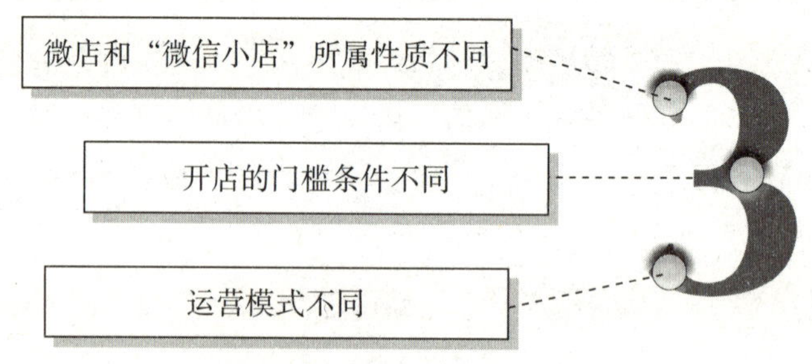

微店与“微信小店”的区别

1. 微店和“微信小店”所属性质不同

微店是阿巴比提出的一种云销售模式，其利用微信平台实现用户免费在手机上开店销售的软件。微店网是由深圳市云商微店网络技术有限公司运营的。

“微信小店”是基于微信公众平台打造的原生电商模式，其实就是由微信开发运营的。

2. 开店的门槛条件不同

微店可以说是真正的零门槛。只需在应用商店搜索“微店”并下载应用，完成注册后，输入手机号并绑定银行卡即可在微信上开微店。任何私人账号都可以实现。

“微信小店”开通需满足：必须是企业认证的服务号；必须开通微信支付接口；必须缴纳微信支付接口的2万元保证金。

3. 运营模式不同

微店的模式简单来说就是供应商把产品发到微店网，由无数的网民开设微店帮他销售。供应商获得订单，微店主获得交易佣金。

“微信小店”的模式是基于微信支付并通过公众账号售卖商品，可以实现包括开店、商品上架、货架管理、客户关系维护、维权等功能。

从运营模式上说，“微信小店”要实现的最终效果就是类似于移动端的淘宝。

媒体聚焦 》》

“微信小店”真的打得过淘宝吗

——来自雷锋网的报道

2014年5月，微信公众平台推出“微信小店”功能，凡是开通了微信支付功能的认证服务号都可以在公众平台自助申请“微信小店”功能，批量添加商品然后快速开店，做一个虚拟世界的掌柜。但是，“微信小店”想要叫板淘宝也是不太可能的。

1. 微信为了“微信小店”动的手脚——增加网店基数

网络上很容易查到微信的用户数量，据推算，微信的用户数量早已超过了6亿。也就是说“微信小店”开起来，它能够面对的受众可能有这么多。另一方面，截至2013年底，淘宝手机客户端的用户量达到3.2亿人。

“微信小店”是基于服务号的一个电商平台，为了鼓励更多的人开服务号，微信动了一些手脚。微信此前增加了服务号的推送次数，并限制个人号的好友上限。另外，它还提供了多客服上线的服务，这都是为了减少个人影响力，增加服务号的手段。网上也有开发第三方电商系统的人称，已经有不少客户询问电商转服务号的问题了。

这样的对比看似能够给淘宝带来很大的冲击，但下载淘宝客户端的用户就是想要购物，而使用微信的用户有很大一部分只是为了通信。另外，现在还看不出来，微信的网店要到何时才能让客户提供任意选择的数量。

2．“微信小店”门槛太高

淘宝开网店的门槛很低，在一颗钻石前基本上不用花什么费用，注册的验证也是基本的身份验证。就算开到后期，需要缴纳的费用大概需要几千元。从支付手段来看，支付宝和网银已经深深地植入网购群体的生活当中了，基本上不存在门槛的问题。

“微信小店”必须基于企业级公众账号，而且只能通过微信支付来完成付费。有知情人士称，“微信小店”已经谋划了半年多，恐怕之前“微信红包”也是为了打通微信支付的植入程度。作为卖家，必须向微信支付缴纳2万元的保证金。这样的门槛和淘宝比起来还是很高的。

但接近微信团队的内幕人士表示，这个门槛一定会逐渐降低到与淘宝店铺差不多，这也是拓展微信支付的需要。

另外，我们在淘宝上消费的时候搜索的都是商品名，淘宝会列出一系列的店家供用户挑选。但“微信小店”是基于公众账号的一个电商平台，也就是说它只能搜索店家的名字。对于想要挑选特定商品的用户来说，“微信小店”的体验并不会很好。

从目前来看，“微信小店”想要和淘宝抗衡并不现实，想要增加新电商平台的影响力，“微信小店”还需要更多的支持，比如接入商品的搜索功能。

5.3　京东微店

京东微店是京东为商户提供的一套在微信里快速开店的工具和方法。微信正式向京东敞开怀抱，于2014年5月底，正式向京东开放一级入口，位置在“发现”频道内，与“朋友圈”“扫一扫”“附近的人”等并列，位于“游戏”的下方，名称暂定为“购物”。

“购物”频道分为三个子栏目：“品牌”“聚惠”与“新发现”，支付方式包含微信支付和货到付款。同时，原本位于“我的银行卡”下的“精选商品”频道被撤销。

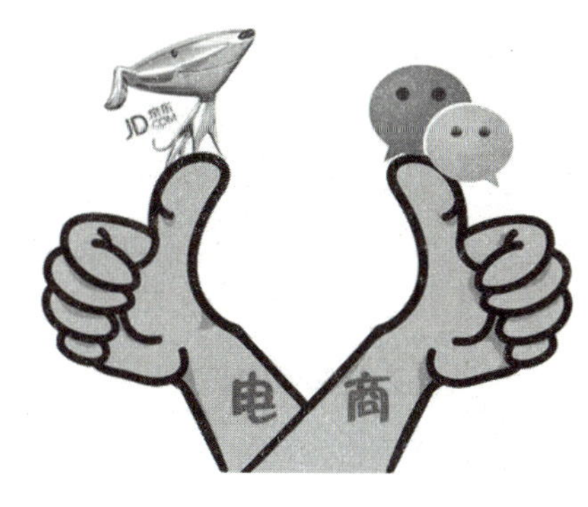

2014年10月，京东宣布京东微店已完成升级测试，开始大规模招商工作。在最新的系统中，京东微店与京东商城（JD.com）系统实现了互通，京东的第三方商家只需提供QQ号和微信ID即可方便入驻京东微店，通过京东商家后台对商品、订单、结算、售后进行统一管理，无需额外增加运营成本，同时分享来自微信、手机QQ两大入口的流量。

京东微店面向所有京东第三方商家开放，对于有志参与微电商经营的京东商城体系内的商家，京东微店具备以下五大特点。

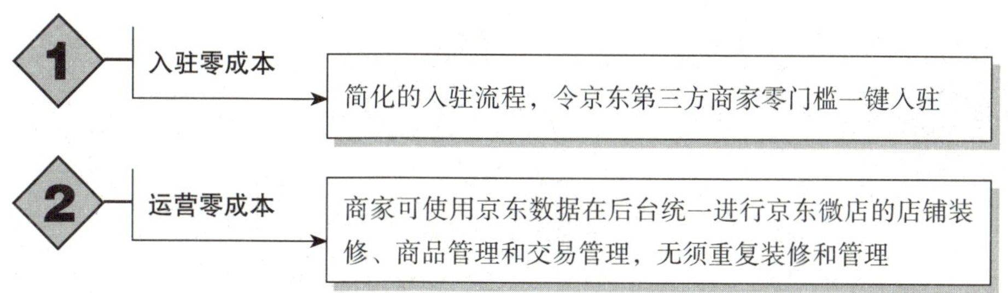

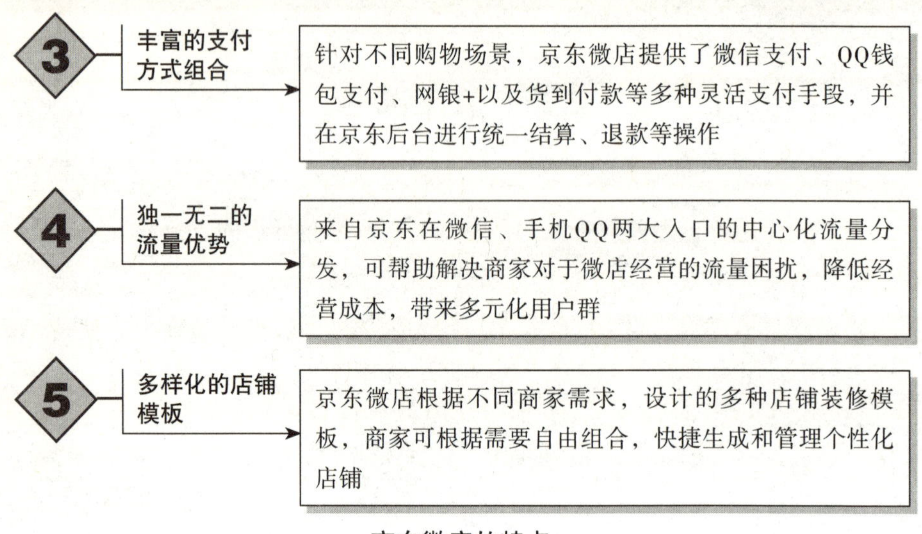

京东微店的特点

京东微店负责人介绍，对于京东的第三方商家，京东微店帮助他们以最低成本开通属于自己的微店，并提供独立空间自主安排运营、店铺推广和广告投放等工作，分享来自微信、手机QQ两大入口的巨大流量，在移动电商大潮中占据先机。除了来自京东微信购物、手机QQ购物中心化入口的流量分发，商家还可通过微信公众服务号进行引流，经营店铺和粉丝，形成闭环运营。

那么，京东微店到底有什么优势呢?

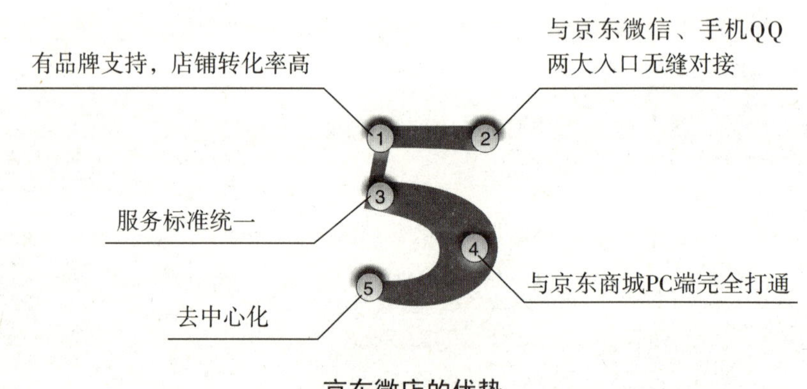

京东微店的优势

优势01：有品牌支持，店铺转化率高

有京东品牌的支持，让消费者购物更放心。提供京东统一的微信支付，支付便捷安全。店铺页面体验一流，免登录，顾客购物更顺畅。

比如，南极人品牌官方旗舰店已入驻京东微店，其店铺商品种类繁多，首页商品丰富且遥遥相对，给人很强的浏览欲望。2014年“双十一”当天下单金额约280万元，其中活动占59%，广告占13%，公众账号正在迅速积累大量粉丝。

优势02：与京东微信、手机QQ两大入口无缝对接

京东微店可以利用京东中心化入口的资源，取得消费者的依赖、更便捷地获得流量和粉丝。目前在京东微店中，“中心化”渠道带来的订单金额达到“去中心化”渠道的7倍。

比如，京东手机QQ购物首次众筹项目，与手机QQ钱包团队强强联合，众筹发起后可通过QQ好友、QQ空间、微信朋友、微信朋友圈多渠道分享。活动第一波从2014年9月12日至2014年9月25日，共完成众筹项目1080例，成交近30万

元，共有11.9万人分享。

优势03：服务标准统一

服务标准从严要求，建设精品微店，打造可依赖的微店平台。

（1）复用POP基础能力，如保证金、积分、处罚扣分、违约、违规罚款、关店、清退。

（2）在POP规则的基础上，对微店运营提出更高的要求，从严监管。

（3）对于不能达到要求的商户，限制活动，甚至关闭微店。

优势04：与京东商城PC端完全打通

京东微店中的商品、销量、订单、评价、店铺装修等数据与PC同步，且共享PC端奖惩政策：

（1）共享PC端现有奖惩政策，如见龙计划、立富计划。

（2）对于京东微店运营优秀的商户，会联合PC端，给予特别奖励，如《京东直投无线广告投放奖励政策》，给予商户“1+3”补贴。

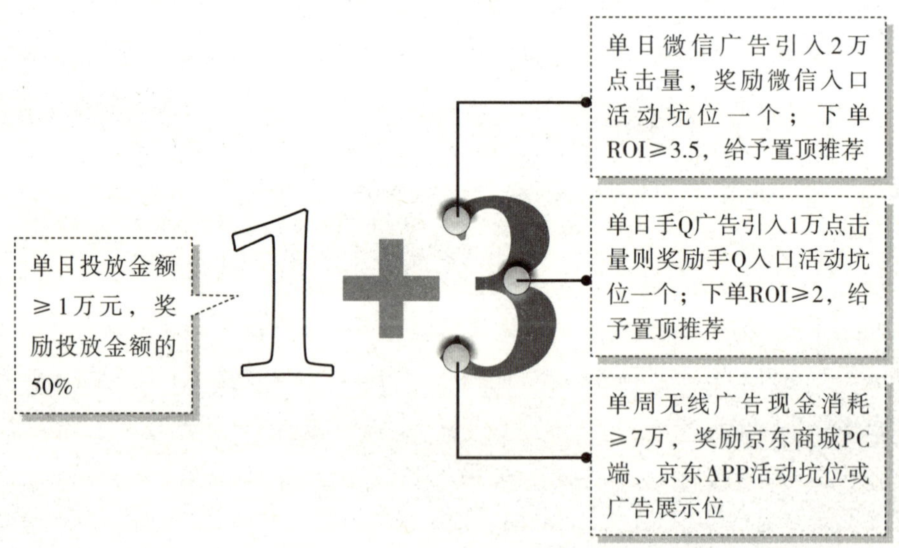

优势05：去中心化

通过京东微店，商家会拥有独立的、个性化的店铺，抛开对大型购物网站的依赖，积累自己的粉丝，同时获得“中心化”与“去中心化”两种模式的优势。

◆资讯导航◆

目前的微信电商主要有两种：

（1）基于微信通讯录的C2C电商平台，它主要依赖于已经建立的熟人朋友圈群发、转发信息。

（2）基于微信公共平台体系的B2C开放平台，它是与微信支付体系紧密结合的。

由于微信自身对营销推广类信息的管制比较严格，而且朋友圈私密性强、好友数量一定，第一种模式存在很大的局限性；第二种是建立在一个更广阔平台上的商业模式。

京东微店正是一个B2C开放平台，它是京东“去中心化商业模式”的新尝试，与京东微信购物的中心化电商形成呼应和补充。绝对的B2C模式是一对多的形式，有严密的筛选和控制机制，对货源的丰富性和灵活度有很大限制；而去中心化的B2C既保障了商品和服务的高质量，也充分调动了店家的能动性和创造力，克服了固有模式的弊端，真正实现了互联网化。

中心化电商的特征是统一的入口，主要通过类目和搜索来分发流量；而去中心化电商的特征是没有统一的入口，除了统一平台进入之外，用户还可以通过二维码或者搜索店铺名称直接进入店铺。当消费动机不是足够大的时候，消费者是不会主动去搜索的，更多维的入口增加了用户接触的可能，也增加了消费者导入的渠道。

一句话，去中心化电商才代表着未来。

之前的传统电商中阿里、京东走的是集权，此次京东微店则是去中心化的分权，有利于众多开发者。去中心化的分权更自由，用户和商家进入电商这个大生态的成本得以降低，整个生态得以激活。

5.4 微商城

微商城，又叫微信商城，是基于微信而研发的一款社会化电子商务系统，同时又是一款传统互联网、移动互联网、微信商城、易信商城、APP商城五网一体化的企业购物系统。消费者只要通过微信商城平台，就可以实现商品查询、选购、体验、互动、订购与支付的线上线下一体化服务模式。

微信商城需要商家去微信公众平台注册一个企业号，是在腾讯微信公众平台推出的一款基于移动互联网的商城应用服务产品。微信被称为腾讯进入O2O的门票，推出微信支付后，更被业界所看好。它具有以下几大竞争优势：

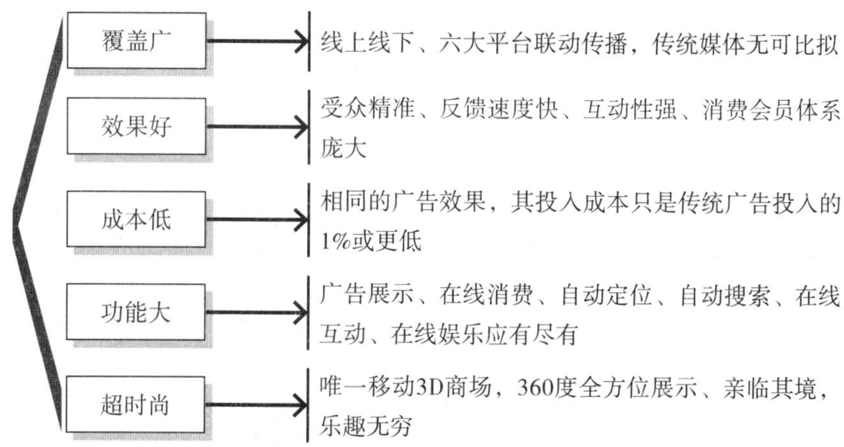

微商城的优势

随着微信功能的日趋完善，用户体验不断地升级，微信商城逐渐在移动电商崭露头角。不管微信商城能否成长为巨头，都是一个商机。

微信商城的火爆带动了越来越多的企业与个人参与其中，如今的微信商城可以说是更为优质的平台，被大家广为赞誉也是理所当然。况且相比较于其他的社交媒体，微信商城的优势更为突出和明显。那么，做微信商城有什么好处呢？

好处一 可以给大家多一条销售渠道，增加销售额

我们是在一片坐拥7亿微信用户的地盘开一间微信商城，这7亿用户极有可能都是我们的潜在客户，而且用户人数还在不断地以火箭的速度增长中，说明可挖掘资源是源源不断的

好处二 开微信商城还可以快速拓展品牌的知名度

跟互联网的传播方式不同，微信更多的是一种熟人传播，分享到“朋友圈”，熟人推荐更值得信赖。这种传播方式利用得好，很可能会形成粉丝滚粉丝这样滚雪球般的增粉模式

好处三 消费者可以在微信商城直接下单和支付

普通的微信平台只可以进行少量的产品展示，没有智能导购、智能搜索，更不能让客户直接下单和支付

好处四 微信也是移动互联的主流入口

移动互联网渐成趋势，而微信是目前进入移动互联网的主流入口，每个人都习惯刷微信，分享朋友圈

好处五 微信的强大还体现在互动性

也就是说，客户能在第一时间快捷方便地将信息反馈给你。想问商家还有没有货，想跟你谈谈对某件商品的看法，想给你提点小建议等等，你都能即时收到，即时做出回应，及时解决

做微商城的好处

随着移动互联网的商场需求量越来越大，很多传统的PC电商开始转移到移动电商。目前，APP和微信都是做移动电商很好的入口，尤其是微信购物受到很多人的青睐。下一个爆点将在哪里？肯定是微信商城。微信商城是基于微信公众平台开发的一个商城，它具有什么样的市场潜力呢？

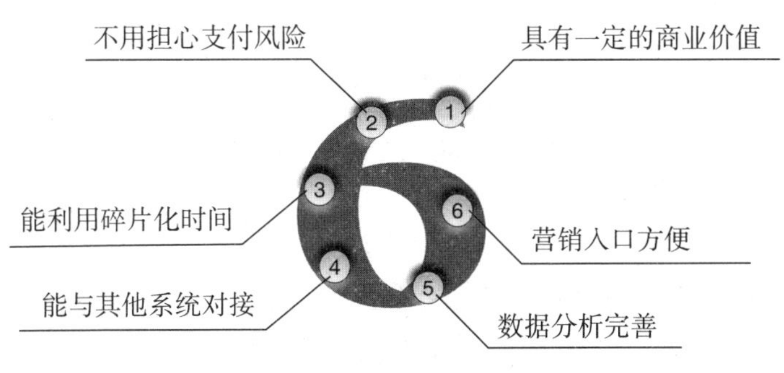

微商城的市场潜力

潜力01：具有一定的商业价值

说到建设微信商城，很多朋友会考虑到它到底有没有商业价值。由于微信是一个独立的体系，相当于它是只属于自己的，独立商城相对于京东小店，淘宝天猫等都少了很多限制，企业根据自己的需求进行个性化设置，减少对开店平台的依赖。微信现有7亿的用户人群，移动的价值相当于拥有可靠的流量。有流量就能够帮助企业盈利。

潜力02：不用担心支付风险

用户第一时间肯定关心的是使用你的微信商城会不会造成经济损失或者信誉是否有保障。现在腾讯审核微信商城特别严格，任何造假或者欺骗行为，都会马上被封掉公众账号，并且企业开通微信商城支付接口，需要向腾讯交2万元的保证金，支付的方式是由腾讯提供的，有微信支付、财付通和网银等，所以用户完全不用担心微信商城的支付问题。由腾讯监管，如果发生任何财务损失，将会给予一定的赔损。

潜力03：能利用碎片化时间

微信商城不像PC商城，企业只需要推送相关活动的优惠信息，微信就会用谈话框的对话形式弹出，用户打开微信就能够看到微信商城的促销活动。

快捷地打开入口，方便用户购买，用户无论是在任何时间，都能够随时随地下单。

潜力04：能与其他系统对接

微信商城的数据库能够与APP、PC电商平台等系统对接，实现同步化数据，并且微信还能够与企业内部系统对接（ERP，CRM，单一库存）。微信商城全面实现线下门店管理、订单管理和货品管理，界面个性化，打造独一无二的微信商城。

潜力05：数据分析完善

微信商城能够实现对产品的数据分析，包括商品的点击率，转化率，访问时间，销量等全面监控，并且微信还能够有多种促销方案，像大转盘，发红包，现金券，玩游戏抢现金。

潜力06：营销入口方便

微信商城相比于其他的营销方式，更加具有优势。强大的分销系统，能够让客户帮商家将商品链接分享到微信朋友圈等渠道，商家按推广效果付给用户佣金即可，并且可以通过会员制形式，让用户享受到更多的优惠，增加用户黏度，促使用户带来更多的新客户。

企业开微信商城的几大优势

随着移动电商的到来，微信公众账号已经成为企业的另一把营销利器，于是很多商家都已经开了属于自己的微信商城，但是对于微信商城的优势有一个全面的了解的人并不多，下面将为大家做简单的介绍。

1. **便于与用户互动**

微信商城与微信公众账号进行绑定，关注微信公众账号的用户可以给微信公众账号发送消息，同时微信公众账号也可以根据用户的消息返回相应的商品或者商品分类信息，从而提升了商城与用户之间的交流互动。

2. **消息群发功能**

微信公众账号具有群发消息功能，商家可以通过微信公众账号的群发功能给关注的用户发送相应的活动促销信息，用户通过阅读消息后对企业产品产生兴趣，并通过微信下单购买商品，这样可以提升微信商城的销量。

3. **微信支付功能**

用户可通过微信商城搜索浏览商品，同时还可以通过微信下单购买商品，实现了微信购物支付一体化完美的购物体验。

4. **语音消息功能**

微信最大的优势在于具有语音功能，用户可以通过语音的方式与商家进行互动，摒弃了传统的文字与图文交流方式，通过语音的方式还可以提升商城的信誉度及真实性。

5. **获取用户地理位置功能**

微信公众账号具有获取用户地理位置的功能，商家可以通过该功能清楚地掌握微信商城用户所在的位置，从而有针对性地开展促销活动。

6. **用户群更高端**

据腾讯微信数据显示，使用微信的用户年龄大多在35岁以下，并且用户的分布大多在一线城市，而且都是一些白领、商务、时尚人士，这都成为企业微信营销的一大优势。

5.5 微官网

微官网是为适应高速发展的移动互联网市场环境而诞生的一种基于Web

APP和传统PC版网站相融合的新型网站。微官网可兼容多种智能手机操作系统，可便捷地与微信、微博等网络互动咨询平台连接。简言之，微官网就是适应移动客户端浏览体验与交互性能要求的新一代网站。

微官网的网站页面完全适合手机、平板电脑，而且能够自动识别客户屏幕大小，网站内容精简，页面资源小，加载速度快，用户体验好，匹配iOS、Android、WP等各大操作系统，对于早已超过7亿的微信用户市场来说，微官网的开发与推广蕴藏了不可估量的商业价值。其优势显现在以下几个方面。

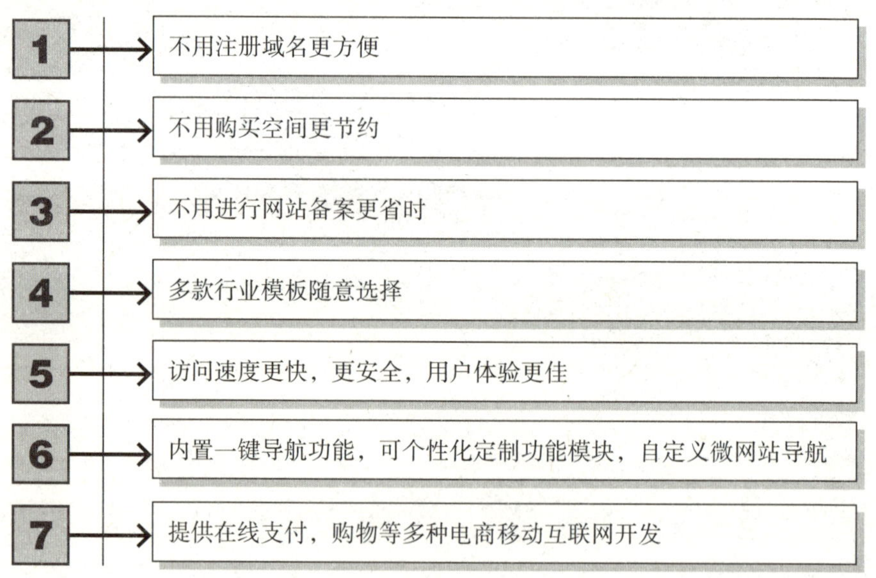

微官网的优势

谁占领了用户手机，谁就占领了市场，微官网为企业微信营销之战打好前锋，快速进入用户手机，让你的企业在目标客户的手机里安家落户，把握住一对一的精准营销。那么如何应用微官网呢？可参照下面三部曲。

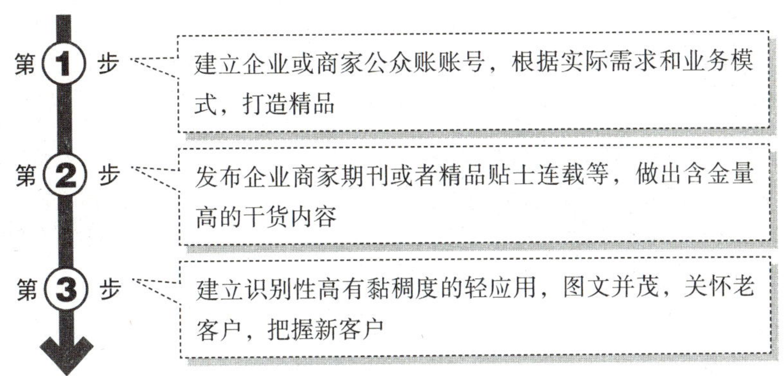

微官网应用三部曲

企业微官网，不仅仅是一个手机网站，更是移动互联网时代的企业应用与商业服务平台，创新性地结合了移动互联网技术与企业信息化建设，实现了企业品牌展现、互动营销、商业交易与服务功能。

在市场经济条件下，企业发展离不开营销，谁营销做得好，谁就掌握了在市场中的主动权，就会赢得更大的胜利。企业采用的营销方式也要随着时代的发展、社会的变化而不断改变，以便利用最先进的营销方式谋求发展。在移动互联网领域，微官网因其功能多、操作简便的特点，被称为企业营销的“利器”。微官网到底有哪些功能呢？

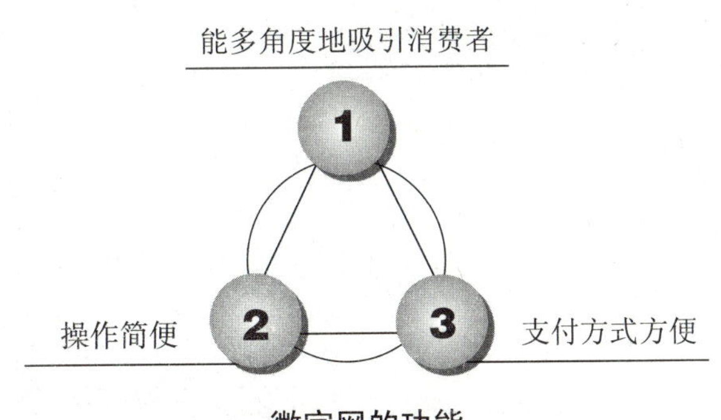

微官网的功能

功能01：能多角度地吸引消费者

不要看微官网只是企业的微信版网站，其实其功能不容小觑。通过微官网，企业可随时发布最新公告，让用户第一时间了解企业的发展动态及最新优惠信息，提高用户对企业的关注度；在微官网上企业可以在固定区域对精选商品或具有特色的商品进行展示，达到推荐商品的目的，吸引用户浏览；支持微视频功能，视频是一种集声、画、文字于一体的画面形式，对消费者的吸引力更大。另外，企业有了自己的微官网，就相当于迈出了微信营销的第一步，对未来微信营销有强大的推动作用。

功能02：操作简便

微官网从建站到编辑的整个过程非常简单，即使是不懂技术的人员也可轻松操作，企业根据操作手册即可建设自己的网站，并且有多套精美的模板供其选择，设有“自定义模板”功能，可根据自己的需求，设计风格独特的微官网，使用户瞬间被企业的微官网吸引，增加对企业的好感度。

功能03：支付方式方便

微信支付接口全面开放，所有经过认证的服务号均可申请，具体支付方式有两种：

（1）线上商家帮助用户在微信内打开网页购买商品时调用。

（2）线下商家为商品生成二维码，让用户使用微信扫码支付。

这样做无疑进一步推动了企业通过微官网实现线上交易，为企业开展移动互联网营销提供便利。

企业建设微网站的好处

微网站用最通俗的话说就是企业官方网站的微信版，如今微信用户已突破7亿，这是一个十分庞大的客户资源，抓住了这一资源对企业未来的发展必然有利，在这种背景下，企业拥有一个属于自己的微信网站可以吸引更多的用户。

1. 展示企业形象

微网站是企业在移动互联网时代完美展示企业及品牌形象的最佳选择，表现内容丰富、实时更新、形式多样化，保证品牌形象的有效传播！

2. 互动营销

通过针对企业产品或服务的在线意见反馈、有奖问答、促销购买、优惠券、手机投票、手机抽奖等，实现互动营销，以提升企业知名度，增强客户黏性。

3. 商业交易与服务

企业或商家可以通过微网站搭建微商城、组织微团购、实现会员管理并集成已有的在线商城或在线客服，用户可以直接通过手机实现会员登录、场所预订、服务预约、商品预订、在线购物……微网站，帮助企业实现移动互联网时代的商业交易与服务。

4. 二维码营销

通过扫描电视广告、户外大屏广告、户外海报、企业宣传册、产品彩页等传统广告上的二维码，直接进入企业掌上微站，帮助企业打通移动互联网营销通道。

5. 微信营销

微站直接连通企业微信公众平台，将企业提供的产品服务和业务流程采用微信公众账号的媒介推送给客户群，在微信中形成移动电子商务营销模式。

6. 微博营销

微站直接连通企业微博平台，在社会化媒体时代，每个消费者都可以是一个内容出口，微博营销的重要性在于让消费者自动传播公司产品和服务的良好评价，从而加强市场认知度和美誉度。

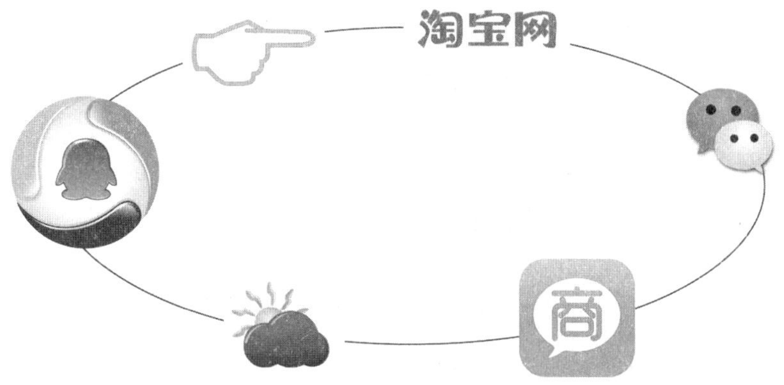

第六章 微营销，玩转微商

集文字、语音、视频于一体的微信，正在深刻地改变着我们的社交与生活。当自媒体迅速崛起，微信公众账号广泛受宠，微信已经早已超过了7亿用户，微信朋友圈成为人们晒心情、晒活动的社交圈时，媒体营销人蓦然发现，以电视、广播和纸媒为途径的传统传播模式，已经遇到了成长的“天花板”，而以微信朋友圈口碑传播为主要表现形式的微信营销，因为拥有了海量用户和实时、充分的互动功能，正成为营销利器。

6.1 关注营销——快速加粉

现在很多人都在做微信营销，但是做得好的并不多，都是因为不太会添加微信好友造成的。朋友圈里面没有朋友，怎么能够把产品销售出去呢？所以吸引精准的粉丝是做微信营销的重中之重，下面介绍几种有效地增加粉丝的方法。

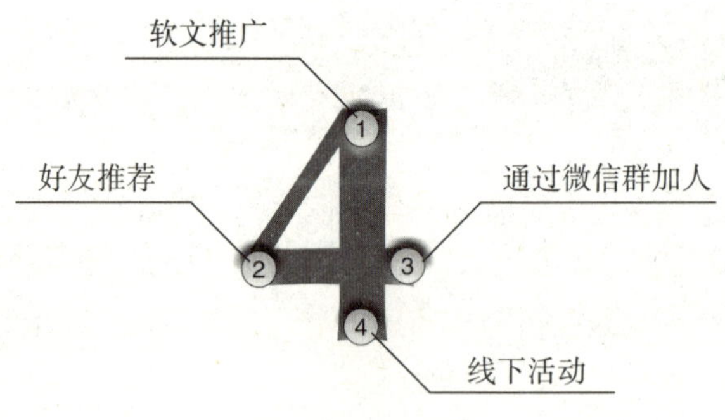

增加粉丝的方法

方法01：软文推广

软文推广是最有效地吸引粉丝的方法，而且加进来的粉丝大多都是对产品有需求的，也就是精准粉丝，并且粉丝的黏度很高。从微博、微信上的一些网络红人可以看出，这些网络红人大多数会经常发一些很有影响力的段子和文章，这样就会吸引到众多的粉丝对他们进行关注。做微信营销也一样，主要也是靠软文进行营销。

方法02：好友推荐

这种方法的效果也是很不错的，最好是让那些粉丝较多的朋友帮忙推荐，找到越多的朋友越好，这样一传十，十传百，自己的微信粉丝也就会越来越多。不过前提是你要先做好内在，如果自身没有内涵和价值，那么再多的粉丝关注你那又有什么用呢。

方法03：通过微信群加人

这种方法在以前是很好用的，但是现在微信将好友限制在5000人后，很多群主就不再添加不是自己客户的人进群了。当然也可以选择一些不是做营销的群，但是群里必须要存在潜在客户，比如说是卖化妆品的，就可以加入一些妈妈群或者女生群。

方法04：线下活动

如果有机会也可以经常参加一些线下活动，比如聚会、行业交流会等等，这样可以在活动中认识到各式各样的人，然后找到潜在客户，最好能够要到他们的微信号。这种人的精准度很高，因为见过面相互之间有了信任感。

揭秘“掉粉”的原因

微信中的广大用户让微信存在着巨大的商业价值，现在很多人都开始拿玩微博的那套方法来玩微信，使用各种各样的手段大量地吸取粉丝的关注，在不断地增加粉丝的同时，也要做好粉丝的维护，不然就会造成大量的粉丝取消关注。那么，粉丝取消关注都有哪些原因呢？

1. 广告推送太过频繁

每一个人都有着自己的生活方式，一般来说大部分的人群都是有着固定的工作或者学习时间，在日常的生活中是没有过多的闲暇时间去阅读太多信息的，有很多商家为了增加顾客对自己品牌的认知，就大量地推送信息给顾客，其实这是非常错误的做法。广告的推送尽量不要对别人的生活造成影响，注意更新的频率，一般一周更新两三次就可以了。

2. 忽略用户的培养

不注重用户的培养，每天向顾客推送大量虚假广告或者是转发链接，不顾及顾客的感受，这样肯定会造成大量的粉丝流失，要明白我们是在经营自己关系圈里的人脉，这里面有自己的朋友、同事、客户，要真正地站在他们的角度上去思考。只有跟他们建立起人脉关系，才能够把这些关系转变成自己真正的利润。

3. 没有提供价值

顾客之所以会跟一个品牌保持联系，是因为他们觉得该品牌能够给自己带来某些价值。相反，如果顾客看不到该品牌对自己的价值，就会与该品牌断绝联系。这对于苦心经营起来的营销平台来说，无疑是最致命的打击。说到价值，这并不总是等同于降价或者有免费礼物相送，而是产品或服务本身反映出来的效果，还可以是能帮助顾客获得生命的快速增加。问一问自己，自己能给顾客带来什么样的价值？你能否让他们的生活过得更快乐？

6.2　情感营销——经营朋友圈

一些刚加入微商行业的新手，试水微商也有一段时间了，可为什么朋友圈还是无人问津，甚至出现被好友拉黑屏蔽的情况呢？

做朋友圈营销，内容至关重要。如果你只是复制粘贴，或者是一些心灵鸡汤，没有原创、没有内涵、没有深度、没有互动，什么都没有……自己都不想看的朋友圈，谁想看，最后只留下圈，哪来的朋友？

◆资讯导航◆

“我的朋友圈充满了各种微商，已被刷屏了，有几次还迫于面子，买了点东西。”近日，和网友“露露的影子”有同样感受的人越来越多。随后记者采访了几位网友，他们均表示，现在朋友圈里的“微商”太多，有些店家每天都在刷屏，导致大家选择直接屏蔽他的消息，甚至有人直言：“我讨厌微商。”

对于这种态度，“微商”们自己也深有感触，网友“瑶”是一名在校学生，因为学校地处新疆，她就利用地理优势在朋友圈“代购”新疆特产，她说“开始代购新疆特产完全是出于朋友的提议，喜欢吃新疆的特产美食，我就抱着试试看的态度，没想到还不错，就继续做了下去。”她说，她从一开始就坚持不大量发图刷朋友圈，起初是两天发一次，后来挑时间段发，看到朋友圈里有些“微商”一次就发七八条，自己也觉得有些不耐烦。

很多微商以为天天发广告图，上家给你什么，你就转发什么，以为这样就可以把产品发出去，如果这么想，那你就大错特错了。微商究竟应该怎么做朋友圈营销，应该掌握哪些技巧和方法呢?

经营朋友圈的技巧

秘诀01：精准定位

要做好微商，前提是要成为一个产品专家。但是，有很多新手在一开始做微商的时候，代理了各种各样的东西：上到吃的蛋糕点心，下到穿的服装鞋帽……试想一下，如果你看到这样的人在你的朋友圈里出现，你的感觉是什么？肯定就是一个卖杂货的。

再看电视的话，应该经常可以看到电视上很多专家讲养生。讲完以后很多人都会排队买他们的产品。为什么？因为他们塑造了专家的形象，而在人们眼中，专家就是权威，专家就有话语权。更加厉害的是，专家说的话句句都刺痛了目标客户的要害，让目标客户有迫不及待掏钱的欲望。

所以说，在做微商之前，首先要对自己有个精准的定位。

比如你要卖面膜，那么你不应该定位自己是一个商贩，而是一个美容专家、护肤专家；如果你卖保健品，你就应该定位为养生专家……

那如何去塑造专家的形象呢？如果你将自己定位为美容专家，那么首先你自己平时就应该多了解与美容相关的知识，慢慢积累，把所阅读的都变成自己的知识。然后，以第一人称分享给自己的朋友，那么渐渐地，你在朋友的眼中就会慢慢变成美容护肤专家的形象。

秘诀02：提高价值

那么多微商，为什么要关注你，除了你是朋友之外，更多的是因为你有价值。

比如，你长得漂亮也是一种价值，你会写文章也是一种价值，你会赚钱也是一种价值，你的产品能够帮助他人也是一种价值。总之你的价值是什么，你能给到他们什么，你要知道。

所以必须挖掘自身的优势，然后放大化。不管你是总代理，还是一个小代理，你都有价值。总代理要思考如何带领自己的团队成长和赚钱，小代理要想着如何为自己的客户提供美容和护肤服务。

秘诀03：视频分享

现在微信推出了一个功能，小视频分享，这对于微商来说，是非常好的一个功能。

比如你发货，你送货，你见了谁，这些你都可以通过视频的方式发出来，这样给人感觉真实可信。

很多人总是说微商做假，如果你今天发了一堆货，用视频的方式发出去，可信度就很高。如果你经常使用视频，这样你的客户，你的代理会更加有信心。

秘诀04：分享生活

很多人做朋友圈营销发的内容都是广告，其实微商是一个生活化营销，情感化营销，如果全是广告，谈何生活，谈何情感？顾客什么都不了解，都不认识你，怎么会买你的产品？

朋友圈每天一条生活的内容，可以增强与客户的情感，拉近你们之间的距离。还有就是实时分享你的客户反馈，代理反馈，你的团队风采，你的接单情况，总之每天分享一些亮点。

秘诀05：坚持原创

很多做不好的微商，基本都是复制，做一个搬运工，因为你习惯复制，喜欢照搬，就不会思考。做微商看似简单，其实很难，做得好的微商他无时无刻不在思考下一条微信应该如何发，怎么写才能引起粉丝注意、客户关注，只有这样，才能经营好朋友圈。原创，可以让人知道你的性格，知道你在用心做事，欣赏你的态度。

秘诀06：混圈子

无社群，不微商，说的就是圈子和社群的力量。一个成功的微商，一个赚钱的微商，一定有自己的圈子，不管是线上，还是线下。做微商，除了学习知识以外，需要更多的是人脉，人脉就是钱脉。

比如，参加线下的论坛或大会，可以提升你在圈子里的知名度，可以与一些圈内的大咖近距离接触，对你来说，这是一个非常好的涨粉机会。参加这些论坛活动的时候，你一定要分享到你的朋友圈，这也是为你自己做包装。

秘诀07：学会借力

你去参加一些线下论坛或活动时，可以见到一些大咖，或者圈子里有影响力的人物，你一定要主动争取与他们合影，与他们交流。借用他们的影响力来营造自己的知名度，提高他人对你的信任度。

秘诀08：互动话题

朋友圈的粉丝有没有转化，和你的互动频率有很大的关系，因为互动可以增强彼此之间的情感。互动的时候，可以知道谁做什么，长什么样，方便更好地进入下一步营销。

除了要主动去互动，还要引导你的朋友互动，这是一种智慧。在朋友圈里发微信，有些事情根本不需要说得太过明白，也不能太严肃，要娱乐化。社交如果过于正统，太过正经，这就无法社交了。生活本应该娱乐的，如果看微信，还和工作一样沉闷，那多没意思。

温馨提示

一定要多和朋友互动，多去评论朋友的微信，为他点点赞，这样他会觉得你一直在关注他，下次他要买东西的时候肯定会想到你。

秘诀09：温柔刷屏

为什么说要温柔刷屏呢？不是不支持刷屏，刷屏没有错。微商怎么做？做微商，你不刷屏产品根本卖不动，但，你要学会怎么去刷屏。这是一个技巧，也是一个技术活，不要做暴力刷屏者。到底一天多少条微信合适呢，如果你是做微商，一般3~5条是合适的，2条产品广告，2条生活分享，1条情感分享，其他随意分享，有就分享，没有就不发。坚持原创，不复制，要有内涵、有娱乐、有亮点。

秘诀10：执行力

最后一条秘诀，也是最难的，就是执行力。做微商拼的是执行力，谁愿意分享，谁愿意去互动，谁愿意去推广，谁愿意去社交，做得多，自然就有收获。

做不好微商，不懂微商怎么做，归根结底是因为没有互动，没有分享，没有学习，没有思考，做到以上十条，想不成功都难。

微信朋友圈刷广告该如何刷才好

许多朋友在做微信营销时没有人怎么办，可能很多人会去想尽办法添加好友，微信营销的重点在于朋友圈，顾客在朋友圈里看到能吸引他的商品时他就会来咨询，所以选择好商品很关键，其次要明白怎样去管理朋友圈，怎样去展示商品。

1. 做好产品反馈

最重要的是做好产品的反馈，因为顾客最注重的是产品的效果，反馈是效果最好的证明，所以说在朋友圈里面刷产品效果反馈的广告是最能够吸引到顾客的，最好是自己使用过的产品效果，图文结合地去发广告，如果你没有，那么转发别人的反馈，你转图即可，对话就不要转了。不是你的东西就算头像打上马赛克也没有用，给人的感觉很不舒服。

2. 有自己的特色

如果只是单纯地发广告，那么和那些广告骗子有什么区别呢？朋友圈本质在于让大家交朋友，既然这样就应该结合自己的生活场景，可以发一些日常生活照片，生活感想，让大家知道你是一个活生生有血有肉的人，最好是有一些自我特色：要么漂亮、要么热心、要么博学、要么积极正能量。总之，你必须在众多朋友中脱颖而出，并让人家记住你、信任你。

3. 分享自己对行业的感悟

想要刷广告又想别人不拉黑你，还有一种特别的办法，就是经常发一些对行业的感悟，让关注你的人学到一些真正有用的知识，这时他们会对你更加的信任，也能够提高成交率，所以坚持每天学习也是必须要做的事情。

6.3 推广营销——微信公众账号

微信公众账号是开发者或商家在微信公众平台上申请的应用账号，该账号与QQ账号互通，通过公众账号，商家可在微信平台上实现和特定群体的文字、图片、语音、视频的全方位沟通和互动，从而形成一种线上线下微信互动的营销方式。

众所周知，微信公众账号没有办法主动添加好友，也没有办法在移动端登录，所以，它的推广会比较难，下面总结了一些微信公众账号推广的方法，可以让你的公众账号脱颖而出，并且让人更容易记住。

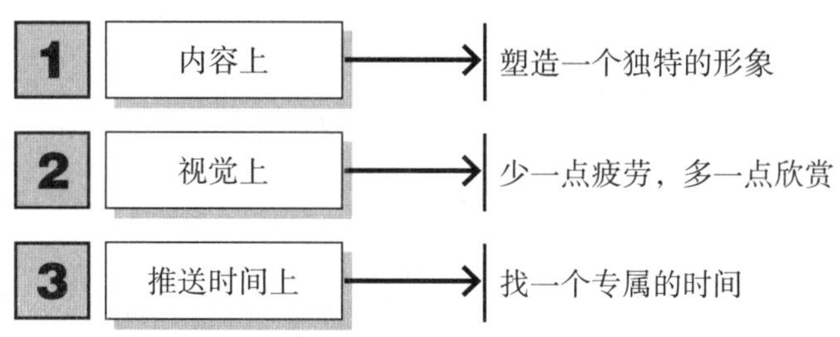

微信公众账号推广的方法

推广01：内容上塑造一个独特的形象

不要让你的公众账号再沦为茫茫号海中的“之一”，而要成为“唯一”。让形象再独特一点，再有个性一点。

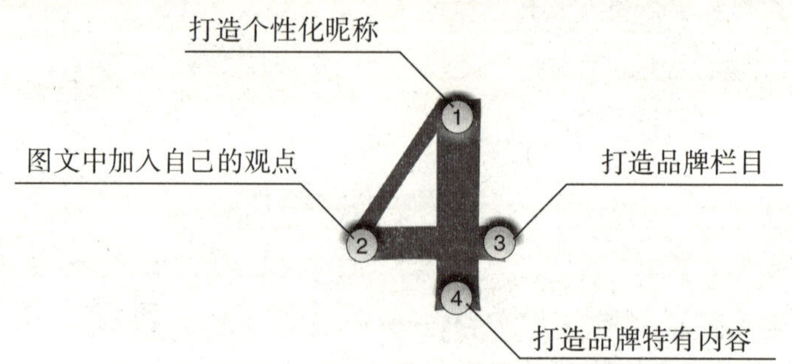

塑造独特形象公众账号的方法

1. 打造个性化昵称

一个自己独有的昵称，这个昵称不是微信名称，而是你跟用户互动的时候使用的别名。

比如本来生活的“本姑娘”、飘柔的“小飘”、杜蕾斯的“杜杜”，都是蛮有意思的昵称。

2. 图文中加入自己的观点

运营微信公众账号如果只是把网上的信息采集过来，整理一下放到公众账号里面，会让你的公众账号蒙上一层霜，让人产生距离感。没有自己观点和创意的公众账号仅仅是一个喇叭而已，不能帮人解决实际问题。在推送的图文中适时加入自己的观点，或者用自己的话把别人有价值的东西表达出来，才会造就一个有血有肉的你。

3. 打造品牌栏目

每个公众账号的内容都是可以分成很多类的，底下的3个大菜单、15个小菜单可以很好地对内容进行分类。除此之外，分类也可体现在标题中。前者就相当于一个网站的栏目，后者就相当于一个网站的附加标签。分门别类只是一个基础工作，更重要的是，你要让这些栏目类别做成大品牌下的子品牌，一脉相承，这样做可以体现品牌特色。

比如杜蕾斯的“禁止调戏”栏目，难道你真会不去调戏吗？中国文联的“最解闷”栏目，难道你一点兴趣都没有吗？

4. 打造品牌特有内容

在你每天发的内容里面，要结合自己的产品和服务理念，创造出一系列自己才有的活动。

比如某生鲜电商的“周末煮张”、某红酒品牌的“微情话”，这种周期性和长期性的内容或者活动，都可以起到很好的印象累积效果，甚至可以达到给用户“截肢”的程度。

推广02：视觉上少一点疲劳，多一点欣赏

很多人喜欢晚上睡觉前躺在床上看手机，可能就含有希望促进睡眠的倾向。这时就不要指望用户对你的内容进行深度阅读，很多人都是一边走路一边阅读或者在摇摇晃晃的公交、地铁上漫不经心地扫描的。所以，要让你的内容形式舒服一点，好看一点。以下两个方法可以参考一下：

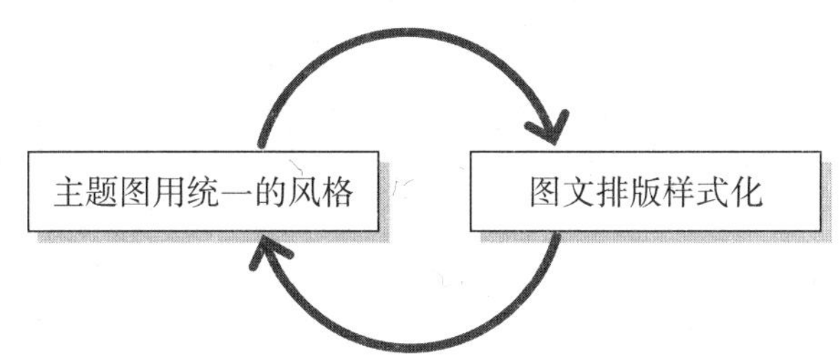

公众账号内容形式让人舒服、好看的方法

1. 主题图用统一的风格

要看一个微信的形象，很重要的一个环节就是点击查看历史消息，然后从上往下翻看，这是大部分新用户的宿命。所以，从头到尾翻下来，你的微信形象风格要体现出来。其中，主题图片是最容易被感知的。尽量让配图走统一风格路线，让人看来像动漫一样，而且知道是同一个品牌出的。

比如有一个以绿色食品为主题的微信号，它的配图都是绿色系，环保生态

主题，一连串的绿色蔬菜水果，从上往下翻下来，就像享受了一顿绿色蔬菜水果盛宴。

2. 图文排版样式化

样式化可以对网页的样式外观进行灵活的调整，不需要太复杂，把背景色、字号、字体、标题段落间距、边框等等基本元素好好设计一番，就可以让你的图文信息看起来很不一样。做得好的，可以非常有美感。

推广03：推送时间上找一个专属的时间

公众账号一天只能推送一条消息，所以，如果你推送的时间跟用户的关注高峰期有错位，就吃力不讨好了。但是，公众账号的类型是多种多样的，不一定所有号都非得一拥而上。

最好能够根据不同的内容，不同的定位，找到属于自己独有的推送时间，这也是避开竞争的聪明做法。

比如，逻辑思维这个大号，就是每天早晨六时半左右进行推送，从而顺理成章地成为粉丝们早上睁开眼睛或者上班路上的心灵甜点。你也可以成为别人的午后甜点、提神下午茶、下班充饥饼干、深夜安抚剂等等。

看耐克如何利用微信号锁住目标群体

——来自电商学院网的报道

耐克一直是一家标榜创新的企业，过去30年，它一直在技术层面引导着整个行业的发展。如今，这家公司已经不再满足于将一双运动鞋卖给消费者那么简单了。

当在现实世界中的运动数据被量化传递到虚拟世界后，耐克就可以开始更加高效地引导用户参与运动。通过勋章激励等机制，耐克可以让用户的运动变得更加系统和规律，用户也可以一目了然地了解自己每天的运动情况。但是，只是做到这些还不够，在中国市场，耐克想要收复失地，还要想办法重新点燃消费者的运动热情。

耐克希望通过“社交”的方式来达到这一目标。正如在信息传播的层面存在能够引领公众舆论的意见领袖，在运动的世界里，每一个人的社交圈子里也都存在着运动达人。

耐克希望以这些运动达人为核心，带动朋友圈子里更多的人参与到运动中去。2014年“双十一”那天，耐克在微信上低调推出了针对跑步人群的公众服务账号Nike+Run Club。上线仅仅10天，这个服务于跑步爱好者的账号就吸引到16124名关注者，通过账号内置的组建跑团功能，这些用户迅速创建了超过1000个跑步主题的微信群组。

最近几年，跑步运动迅速在中国一线城市的白领群体中流行起来。各类跑步组织也层出不穷，不仅各大运动品牌纷纷成立跑步俱乐部，甚至连一些传统企业也参与其中，万科、联想内部的跑步运动开展都已经颇具规模。但是除了这些有企业背景的组织之外，耐克希望更多的寻常百姓也能够参与其中，微信的群组功能无疑是一个很好的契机，在耐克的Nike+Run Club账号中，用户可以根据自己的位置寻找周边的跑步组织，找到更多志同道合的人一起跑步。

据悉，耐克目前还在紧锣密鼓地筹划篮球的公众服务账号。对于大部分人来说，跑步还是一项相对独立的运动，并非需要很多人一起才能完成。但是篮球运动就不一样了。在绝大多数情况下，这都是一项需要多人参与的活动。对于许多球迷而言，组织小伙伴们打一场比赛，是一件头疼的事情，因为凑齐合适的人数是很困难的。耐克的数字营销团队内部正在讨论利用微信的群组功能帮助用户解决这一问题。通过社交吸引更多的用户参与，接着通过数据形成用户黏性，进而数据和社交两者相互作用，让用户完成在Nike+平台上的沉淀，这正是耐克O2O的精髓所在。

耐克微信公众账号运作思路就是针对目标人群，利用微信公众账号的社交属性，围绕目标群体的共同特性聚集目标人群。

6.4 口碑营销——走心服务

一个“心”字内涵丰富，可以是做事的用心、专心，还有对别人的关心。

微商就是微信的销售员，而销售的关键是攻心为上，让微友忠心地喜欢你和产品，才是微商长久发展的关键，而浮躁的微商，因为没有“走心”服务，就会碰到发展瓶颈。

如果你能维护你已有的10名客户，就有可能给你推荐他们的朋友加你，你不用担心加微友问题，你只要人好、产品好，就会拥有“好口碑”，天助自助者，那些更用心服务的人，总会得到更多人的帮助。

那作为微商，如何做好“走心”服务呢？

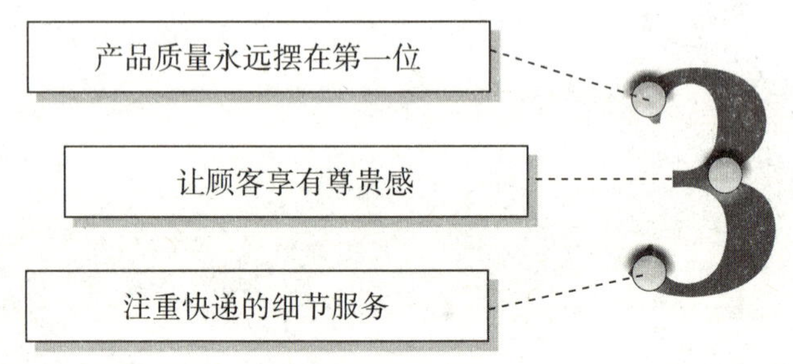

做好走心服务的技巧

技巧01：产品质量永远摆在第一位

做微商，不是产品越丰富越好，而是要寻找精品，做好爆款产品，引进每一款产品，都要亲自试用，为了确保品质安全，有实力的微商，可以自己拿样品到检测机构检测，让自己对产品“放心”，让微友“安心”买你的产品。并不是广告越多的产品就是好产品，有时明星代言的产品并不可靠，寻找到一款好产品，需要你用心对产品细节的了解，并预见产品使用后有可能出现的问题，做好细心回答，才能显得你更用心。

温馨提示

做正规的产品，售后咨询一定要做好，一些微商只要货发出去了，对客户的售后咨询就不闻不问了，这样对微商的发展是很不利的。

技巧02：让顾客享有尊贵感

电影院有VIP室、机场有贵宾室，人都有自我满足的心态，希望享受与别人不一样的服务。而作为微商，就要做好备注，分清哪个是普通客户，哪个是VIP客户。对VIP客户提供差异化的奖品和优惠，通过快递发放VIP卡，承认VIP身份。为避免VIP卡成为废卡，可以将VIP卡制作成精美钥匙卡，让微友每天方便随身携带，在VIP卡上可以放上你的微店二维码，增加复购率。

技巧03：注重快递的细节服务

虽然微商的销售环节，是通过微信完成，但快递是联系卖家与买家的一座桥梁，通过快递也可以增加与买家的感情，就如淘宝购物，收到快递时，很多人会收到求好评送红包的卡片。但微商没有好评的系统，全靠口碑赢得顾客，通过老顾客购买产品，在快递的同时赠送新产品样品，或产品介绍精美宣传册，让老顾客意外收到小礼品得到惊喜，同时让你的新产品得到老顾客使用，在产品包装上，可以设计自己个人品牌的LOGO贴纸，形成对你的个人品牌识别和认知。

微商借助微信从事销售，微信只是改变了销售的渠道，通过微信，让卖家与买家更容易沟通，减少中间的沟通环节，但离不开销售法则，那就是“走心”服务，细节决定成败，处处留心皆学问。

微信营销的精髓——用心交朋友

其实我们讲的微商营销，目前来说大部分讲的是微信营销。微信营销分解为微信和营销，微信是工具，是移动互联网环境下的社交媒体，营销是方法方式，而营销的出发点是帮助他人，和别人交朋友，从而让人了解你以及你的产品。所以结合起来我们可以这样解读：微信营销就是利用“微信”这种移动社交工具去帮助他人，和你的受众交朋友，进而影响他对你产生印象和了解，渐渐对你的产品产生兴趣的一个过程。

但是，微信上交朋友有几点要注意：

1. 不要过急

两人交往不宜目的太明显，急于推销，很多人都不喜欢这样。特别是在微信上，陌生人的信任感比较低，如果表现出来的营销目的太明确，直接影响的是后续的交流和成交，慢工出细活用于微信营销最适合不过了。

2. 要真诚

有一句话说得好：两心不可以得一人，一心可得百人。真诚是交朋友的前提，虽然做微信的目的是营销，但是请暂且忘记营销，先以真诚待人，得百人心，营销是自然而然的事情，而且并不会让人觉得是营销。

3. 寻找共同点

爱好永远是最好的话题，也更容易接近彼此的关系。评论、分享在微信上都是最好的方式，关注对方的朋友圈，对他的分享提出见解等，这是吸引对方的一个好方式。

4. 耐心

因为人与人之间的情感是需要时间的积累，一见钟情是不会出现在微信上的，微信上成交一个客户，平均至少需要5～7天的时间来交朋友，然后才能转化。

5. 赞美是最好的语言

人都希望自己被人重视和肯定，微信的点赞党也是很受欢迎的，微信的交流，除了对话，那就是每个人的朋友圈心情了，一个人发了条朋友圈，只要不是负面的内容，都是非常希望有人点赞，有人评论，而且多多益善，这样的方式很容易打开话题，开始对话等接触。

微信营销的精髓就是用心交朋友，但很多营销人却太急，没有耐心去运营，暂时忘掉营销吧，回到交朋友的本质中来。

6.5 分层营销——代理卖货

微商代理是近一年来相当火热的词，通俗地讲就是不用自己囤货，没有压货压款的风险，全部由你的上家给你发货，你只需要拿图发广告，卖出产品你就赚钱了。

做微商代理其实很简单，任何人都能做，上班的可以做第二职业。只要转发上家的图片就可以了（以微信朋友圈为主），那些押金、加盟费、代理费都不需要。厂家一手货源，你不需要租店面、压货。卖出货了在上家处拿货就可以。一件也可以，他直接把货发到你的顾客那里。批发价是固定的，你多卖出的钱也是你自己的。

但值得注意的是，上家只是给你供货，供广告词供图而已。你是做你自己的生意，他也只是你的仓库。你自己要学会销售，并且努力工作，因为你才是自己的老板。

那么作为代理商，要做好哪些前期准备才能卖出你的产品呢？

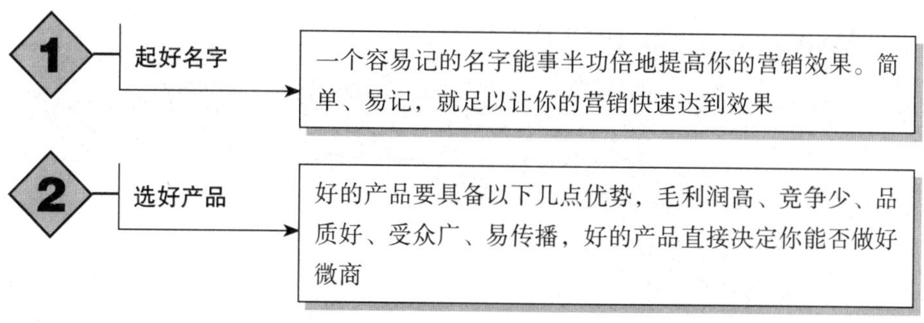

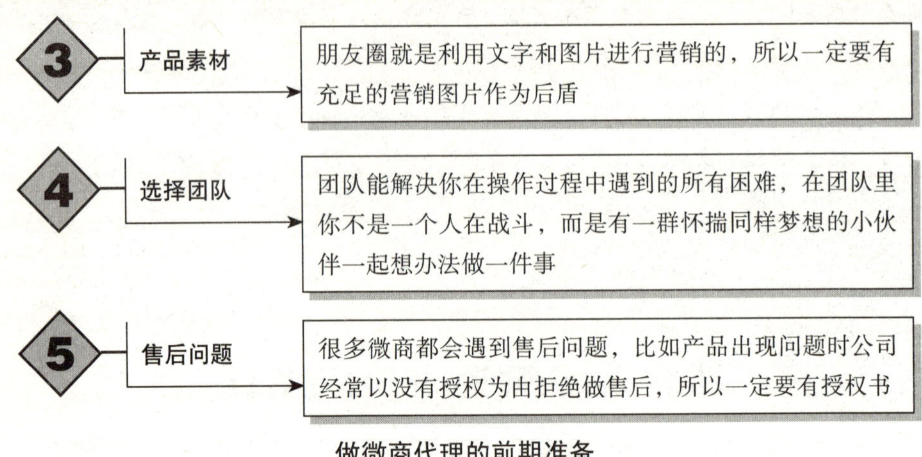

做微商代理的前期准备

做好了上述准备工作，接下来，就要掌握一定的营销策略才能卖出你的产品。

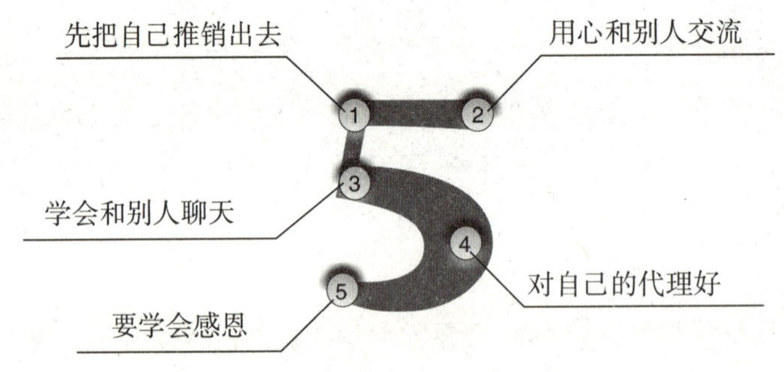

应掌握的营销策略

策略01：先把自己推销出去

既然能和你成为朋友，能够加入你的朋友圈，肯定是认可你这个人，或者是想和你成为朋友。不管是认识的，还是不认识的，所以你要让别人知道你是怎么样的一个人，知道微信背后的是一个活生生的人。做销售，首先要把自己推销出去，所以你的微信不仅只发产品的宣传内容，还要把你的个人生活、生活感悟、其他分享，让大家知道这个微信后面的是一个怎么样的人。分享的东西必须是正面的、积极的、正能量的，塑造你的个人品牌。

策略02：用心和别人交流

不要盲目地去加人，然后推销产品什么的，其实做微商线上和线下同样重要，你把网络中的朋友，转化为现实中的朋友，这是一门非常深奥的学问，需要你怎样和别人交流，不是一上来就说自己卖的产品有多好，而是看别人感兴趣的是什么话题，你再用心地与人交流。

策略03：学会和别人聊天

要学会聊天，大家都知道，其实做销售就是要会说话。特别是微商，是一个看不见对方的销售，所以相对于现实中的销售来说，还是比较容易简单一些，但是我们看不见对方的长相和衣着，那么我们怎么去和顾客交流，这就需要咱们用心地去发现顾客的需要。

比如，去顾客的空间或者朋友圈看看他平时都发些什么，这样你就有话题去和他聊，假如顾客有孩子你可以和顾客聊聊孩子，这是一个很好的话题，当我们和顾客之间的那种信任建立起来以后，对以后的产品推广是非常有好处的，至少那个和你聊天的朋友他不会反感。

策略04：对自己的代理好

要真正地对自己的代理好，让代理成就你自己，作为一个微商，你不仅仅是把货存给你的代理，而是你要帮助他们把货卖出去，这样代理跟着你干才有劲，才会对自己和对你都有信心。

策略05：要学会感恩

不管是哪个朋友买了，买了多少，你都要感谢人家，并且要当着所有的人感谢，人家支持你，也许不是因为你的产品好，而是认可你的人，所以你要知道，他的这次购买，是你欠他的一个人情，记得哪天你要偿还。一个懂得感恩的人，才能得到人家的尊重和继续帮助。

作为一个微商，要先做人，再做产品；要做事，先做人。只要你自己用心，就会有回报。

媒体聚焦》》

微商层层分销的利弊

——来自电商学院网的报道

微商之所以发展迅速，形成如此大的规模，在很大程度上来说跟其层层代理的模式是分不开的，然而很多人又质疑其是搞传销。虽然在模式上这种层层代理的微商很像是传销，但不同的是这个过程始终有商品在流动，就像美国的安利一样，始终有商品交易，所以不能一棒子打死。

微商面膜销售就是层层代理模式，面膜厂商找几家总代理商，总代理可以直接从厂商拿货，如何再找代理商把货分批下去。这时候中间渠道就出现了，会有一级代理商、二级代理商、三级代理商，甚至更多，这些代理商把货发给真正卖货的微商，然后由这些微商卖给消费者。而这时候，某款面膜出厂价是50元，也就是总代理50元拿货，到一级代理可能到100元，最后到消费者手上可能就成了200多元1盒的面膜。代理商在中间赚取差价还有返点。其中有些面膜厂商是要求代理商或下级微商囤货的，而有的厂商不需要，直接从上级发货代销。需要囤货的微商如果商品卖不出去，就只能由代理商自己来消化，或者再发展下级代理，形成恶性循环。最后，受害的可能就是那些最低级的分销商了。

一般来说，代理商是通过社交渠道来分享自己的产品，然后招募自己的下级代理，通过下级代理来分销自己的产品。每一级代理商以固定的价格拿货，然后以高出拿货价的价格，分发到下一级代理商。下一级代理商只能从上级代理商拿货，而不能越级拿货，如果被发现将取消代理资格。而上级代理商对下级代理商的拿货量和业务都有明确的规定和严格管理。

但事实上，在微商市场还是会出现越级拿货、乱提价和售买假货的事情，造成现在微商市场很是混乱，对微商的良性发展很不利。

2015年，微商将迎来大洗牌，层层分销、囤货的微商将会崩溃出局。微商如果可以实现代理严格管理、退货售后服务的话，将迎来新的发展机遇。

6.6 价值营销——建立社群

社群是基于产品共同的兴趣爱好、共同的价值观而组织在一起的圈子。是微信营销要实现的目标，是微信营销的根本。

社群，最大的特征就是具有一致的价值观，在这个区域生活具有强烈的归属感。你的品牌代表了什么？你的品牌主张又是什么？

小米是今天这个时代社群商业模式的代表。广泛传播的人文情怀和超性价比的产品只是为了获得海量的用户。然后以此为基础，迅速构建自己的社群。小米构筑的社群中，它圈住的就是“为手机发烧的发烧友”，无论你现在是否需要更换手机，只要你热衷于电子产品，没有理由不加入到这个群体中。

对于用户来说，兴趣比归属更重要。用户更加相信的是“实在”的推荐，朋友的好话胜过铺天盖地的广告。而连接的便捷性，让用户更容易选择其他用户用过觉得好的产品，这就是社群的影响力，这种影响力会不断地扩散，从一个社群传递到多个社群。通过这种口碑传播吸引来的用户，才是企业应该服务好的铁杆粉丝。

对于企业来说，社群比细分更重要。随着消费者态度数据的可获得性越来越高，基于生活形态的市场细分方法已有了长足的发展。但在社交网络时代，以企业为规格的高傲的消费者细分定位，已经赶不上市场更新的速度了。唯有主动地构建和培育用户社群，才有可能赢得成功。

而更多的商户是基于微信公众平台这个工具，建立最初的基础社群，然后通过运营，滚雪球式的发展，使社群越来越发展壮大。有了自己的社群，才能在社群中开展营销，才有可能销售更多的产品。

◆资讯导航◆

吴方华，“大V”店创始人，一个在2014年年底才开始进入微商行业的创业者，对于微商的模式有着极深刻的体会。这个微商领域的“后来者”，试图用另一种截然不同的玩法来刷新外界对微商的看法。做B2C而非C2C，自己供货、自己负责物流配送，让妈妈和母婴类自媒体成为触达终端消费者的渠道。

与很多微商理念不同，吴方华认为，其最终要做的不仅仅是卖货，而是社群维系。他在亿邦疯人会沙龙上表示，未来的创业者要做的更多的是运营社群、运营粉丝。在他看来，好的社群会自己组织、自己生长，“她们能发挥的价值，将远远超出自己的想象”。

传统的PC电商是花钱买流量，然后基于商品产生交易。而现在的微信营销是先建立社群，先有社交，继而交易。

那么怎样建立属于自己的社群呢？掌握下面的三个要点，将有助于你建立自己的社群。

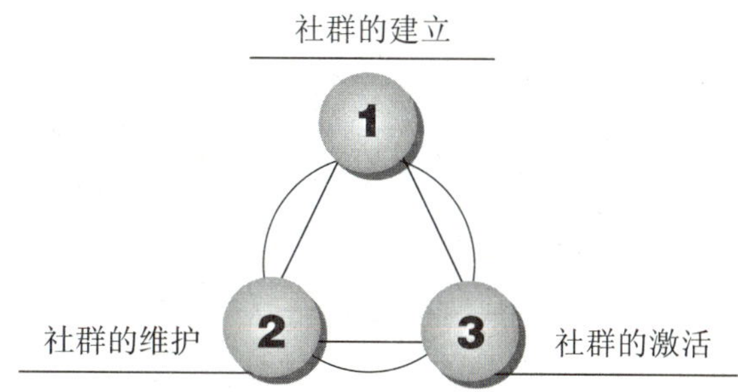

建立属于自己社群的三个要点

要点01：社群的建立

社群是有共同兴趣爱好的人聚焦在一个兴趣圈，打造一个消费家园。建立社群的目的是学习知识和技巧，销售自己的产品，同时拓展人脉。在建立社群的时候要遵循以下几个原则。

原则一 要有相似的价值观

当组建社群的时候，你要找的就是与自己有相似的文化价值观念，也就是说：志同道合。找的伙伴，要坚信，微商就是能盈利，而且认同微商这种盈利模式的，如果他连微商都不相信，那如何在以后的道路上一起并肩作战

原则二 要有共同的利益

彼此之间要有共同的利益空间。比如你是总代理，当你的伙伴还是一级或者二级代理的时候，你就要让他们明白，你们共同的利益点在哪里，这样才能激励你的小伙伴一起前进

原则三 要有友好的关系

你的代理就是你的事业合作伙伴，你要学会如何去关心她们。你如果连自己的代理都不关心，不了解的话，那么她离开你是很正常的

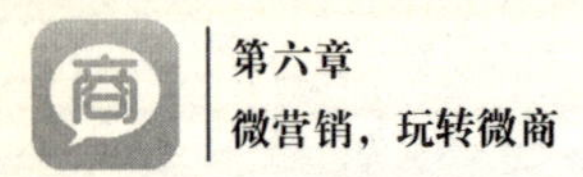

原则四　要有150人的社交圈

这是经常说到的，但是能做到的人很少，人的欲望都是无限大的，但是想与一个社群的人深度发生关系的时候，那么就要保持在150人之内，然后想尽一切办法服务好她们

建立社群应遵循的原则

要点02：社群的维护

当你有了社群的时候，接下来就是维护社群的基本点了。

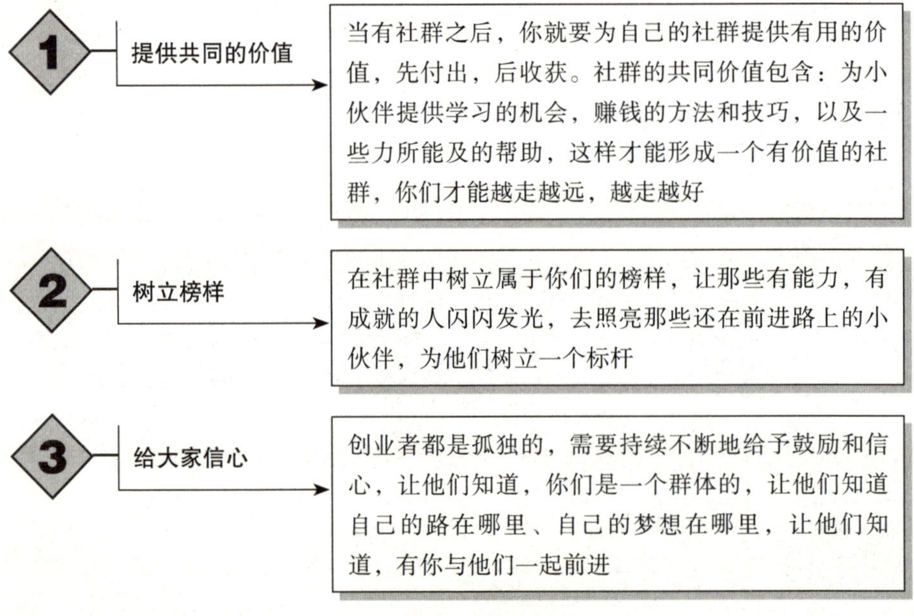

社群维护的基本点

要点03：社群的激活

社群建立起来很容易，如果没有互动，没有交流，你如何跟群友发生关系，建立信任呢？只有不断地互动和活动，你们的感情才会加深，因为好的创意都是在相互交流之中产生的。因此，你要学会激活你的社群，让它变得生

动，真正地为你服务。

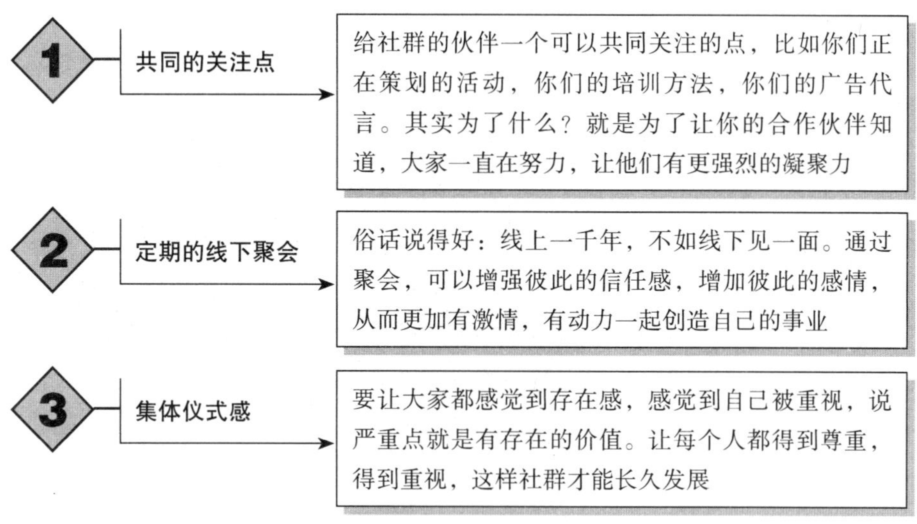

社群激活的要点

“抱团取暖”的时代，社群的发展至关重要，只有你的社群不断发展壮大，你的微商之路才能越走越远，越走越好。

微商新玩法——社群

——来自红黑联盟网的报道

关于社群的定义和解读，众说纷纭。通俗一点理解，社群就是规模更大的圈子，比朋友圈关系弱一些、规模大一些的圈子，社群有商业和非商业性两种。

为什么会有社群，满足人类社交需求的组织。其实社群这种形态，很早以前就有，这类多以兴趣爱好为目的生存，比如驴友会，车友会，这类就是社群的早期形态，因为过去网络不发达，这类组织多以线下形态生存和活动。但自从社交网络诞生后，人与人的信息交流速度加快了，但人与人面对面的沟通交流却减少了。当人们对社交网络产生厌倦，审美疲劳后，于是大家又渴望通过面对面交流来寻找存在感和归属感。

另外一个重要原因，是在移动互联网时代，商业项目，尤其是移动互联网项目，基本上以改造或融合传统企业和行业为手段，这类项目是跨界的结合，一个人，一家公司单打独斗很难成功。每个人都意识到需要各行各业资源的结合和整合，于是，另外一种商业目的的社群诞生了，这类社群早期是圈子，一些高端的人脉圈，以精英俱乐部的形式存在。当社交媒体侵入后，社群便遍地开花了，很多早期在论坛、博客、微博等混迹多年的培训师、创业者开始利用社交网络撰文讲座，培训解惑来吸纳粉丝，逐步变成某个领域的意见领袖。

商业群多以培训切入，以专业辅导为主，培训新人，同时吸引和扶持成员成长为明星案例，最终扩大会员，提供高端服务收费。会员之间产生商业合作、宣传推广、资源对接等。

社群有两种：一种是明星式的社群，这类领袖往往是牛人，大咖，能言善辩，文字激昂。还有一种是一个小组织，服务型社群，寻找外部资源来对接内部资源，以分享、互助为目的。

总之，社群的核心在于为会员提供价值，没有价值的社群是没有生命力的。社群的生态系统是需要各种各样的成员，有新手，小卡活跃；有老手，大咖提供资源，给予指导和帮助；领袖传道、解惑，兼以励志、感情辅导、创业指导，最终登峰成为明星。

不管什么形态，社群是社交网络时代人们生活和商业社交的另外一种组织，国内没有国外的party文化，人们在公司疲劳压抑，在家庭单调乏味中解脱自己，寻找认同和自我存在的归属感，社群就是一个心理的避风港、商业合作的圈子平台。

6.7 信息营销——提倡原创

微信营销的高速发展，几乎所有人都对其趋之若鹜；而想要做好微信营销一个很重要的方面就是营销内容的原创性。只有原创的文章才有生命力，才能真正与好友互动，让好友感觉到一个真实的你。

什么是原创呢？微信原创文章是指在微信朋友圈里将自己生活、学习、工作中的所见、所闻、所感、所想通过文字、照片、语音等形式发表的正能量信息。

为什么要提倡原创呢？原创有什么好处呢？下面来看看。

好处一　可以提高与好友互动的效果

数据显示，将转发别人的文章与原创文章得到好友“赞”和“评论”的数量进行过比较，转发别人的文章，“赞”和“评论”一般不会超过10个，大部分甚至没有；自己原创的文章平均“赞”和“评论”在30～50个

好处二　可以展示自己良好的形象

与微信好友大多不熟悉甚至不认识，怎样才能让别人了解自己的性格脾气、能力水平、从事工作、个人爱好，通过原创文章就能了解得差不多。所以原创文章带给别人的必然是一个正面良好的形象

好处三　增强好友的信任度

通过原创文章给好友树立了良好的形象，必然就增强了好友对你的信任度，时间长了，在朋友圈里所发的信息就能得到好友的认可和购买，因为相信你这个人，所以会相信你的产品

好处四　提高品牌知名度

在原创文章中，不可避免地会谈到自己的工作和售卖的产品，当好友熟悉你的同时，他们必然就会熟悉你的产品

做原创的好处

有人曾说，复制粘贴是互联网时代最“伟大”的发明。的确这样操作很省事，但是效果却大打折扣，对于这种千篇一律的东西，你发得再多，也没有多少人愿意看。要想吸引大家的眼球，你还必须得自己原创。那如何做原创呢？掌握以下几个要点，对你绝对有帮助。

1 **标题要新颖**：标题是否新颖决定好友是否打开观看

2 **内容要简短**：海量的信息让我们无从选择，在快餐式的信息社会，在微信里长篇大论，别人是没有时间来耐心阅读的

3 **段落要清晰**：能否让好友看下去的一个先决条件就是段落要清晰，每段文字尽量不要超过100字，每一段最好加一个小标题，如果读者没时间全看，看一下标题也能了解个大概

4 **图文并茂**：几张与内容相符的精美照片同样也是吸引别人阅读兴趣的重要原因。因为人们获取知识的90%是通过视觉，所以在发表文章时，配上一张漂亮的图片效果会更好

5 **文章要正向**：原创的核心归结到一点就是，你必须要言之有物，文章本身要有内涵、要有观点、要传递正能量、要引起别人的共鸣

做好原创的要点

微商营销，主要靠的还是朋友圈营销，如果仅靠各种广告、心灵鸡汤、频繁刷屏来冲撞眼球的话，那你只有被拉黑一条出路。相反的，如果你发布的消息，全是自己原创的东西，必定会给人耳目一新的感觉。那如何养成原创的习惯呢？

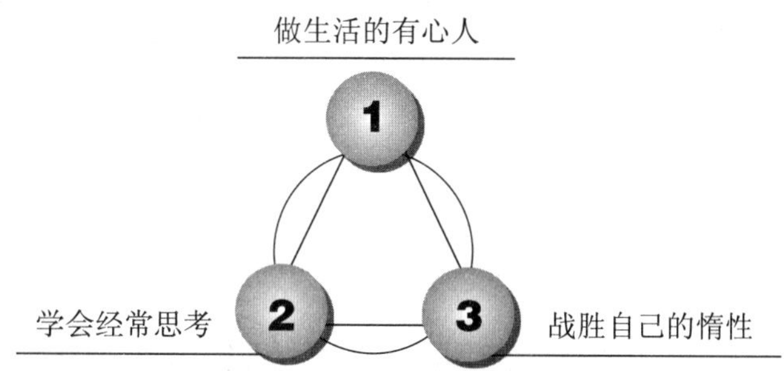

养成原创的习惯的要点

习惯01：做生活的有心人

一个不善于观察生活的人是很难做到原创的，因为在他看来一切很正常，没有什么可写的，对生活和工作缺乏应有的投入和激情，就不可能发现生活和工作中美好的一面，也就写不出正能量的文章。

习惯02：学会经常思考

成功人士与非成功人士的最大区别是成功人士经常思考，正是因为经常思考他对事物的理解就会深刻，写出来的文章才有味道，否则，记流水账似的文章谁都不爱看。关键是经常思考就会有灵感、有火花，你才会有创作的欲望。所以，晚上睡觉前，夜深人静时把一天的工作回顾一下，让微信记录下你的每一个成长瞬间。

习惯03：战胜自己的惰性

不能坚持写原创的最大原因来自人的惰性，你要想坚持原创必须要有足够的毅力，一开始可以不求质量，先坚持下来，等养成习惯后，再向文章要质量，当你尝到原创带给你成功的喜悦后，不让你写你可能就不习惯了。

做好微信营销内容的原创，你的微信营销算是有了成功的基础。

◆资讯导航◆

2015年2月2日消息，新华社连发三文，指责微信对公众账号中的内容抄袭不作为。对此，微信团队回应称，1月22日，微信公众平台已上线“原创声明”功能，申请了原创声明的文章群发成功后，微信的原创声明系统会对其进行智能比对，自动对文章添加“原创”标志。当其他用户转发时，系统会自动标明出处。

此次“原创声明”功能的上线是微信公众平台向“抄袭风”亮出的一把“利剑”，目的是通过技术手段建立主动防范措施，提升平台自净能力，逐步减少直至杜绝抄袭等违背道德、法律的行为。

原创声明自1月22日开放以来，已受到媒体的关注和热烈讨论。随着功能开放主体的不断扩大，相信微信公众平台将产出越来越多高质量的原创文章。这些优质的文章，也将以被转载的形式受到更大范围的良性传播。这只是微信在鼓励和保护原创文章，帮助原创作者保障自身合法权益上走出的一小步，后续将继续不断地优化和完善。

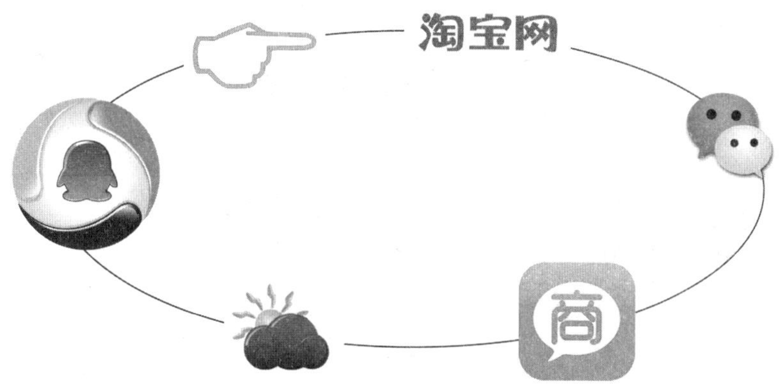

第七章
赢在指间，微商大咖秀

微商是移动时代的大革命，是一个极具潜力又颇受争议的全新的创业模式，也是一个看似简单却又极富挑战的营销方式。微商的“微”，不仅仅是指微信的微，而是指移动互联网时间的碎片化，将沟通的即时性和便捷性发挥到极致。“微”代表的是无孔不入，充分体现出移动互联网的特性。微商时代是一个公平机会的到来，是任何人都有机会的全新起点。

7.1 韩束3个月将销售额做到上亿元

• 企业介绍 •

韩束，上海韩束化妆品有限公司的简称，2002年成立于上海，同年创建韩束品牌。凭借稳健卓越的生产，优质创新的产品，奉行着多元、乐观、创新、冒险的企业精神，韩束已成为国内全渠道营销的代表性企业。

• 亮点展现 •

自2014年9月以来，韩束微商的月平均销售额达到了1亿元。预计2015年销售额将达15亿元，成为比肩线下渠道和电商渠道的又一大渠道。现在，韩束已经建立起了2万人的微商团队。

如今，韩束每年的广告投放量都在国内同类化妆品中处于领先地位。与此同时，韩束搭建了线下代理＋电视购物＋电商平台＋微商的一整套产品销售渠道。

案例分析

在微信上卖东西已经不是什么新鲜事儿。据不完全统计，从事朋友圈销售行为的有几千万人。然而目前微商仍无明确规范，朋友圈里的东西常常是快赚快闪的三无产品，韩束作为一个已经有12年品牌历史的化妆品为何要冒如此大的风险去趟微商这趟浑水呢?

早在2002年，为了保证产品质量和供应，在资金不足的情况下，韩束就在上海修建了自己的工厂。随后又开发了事业部模式，在全国设立事业部，以优惠价格让韩束各个事业部负责人卖给线下店。通过自由定价的方式，一下子将销售额拉到了1亿元。后来由于这种方式的弊端渐显，韩束又大刀阔斧地砍掉了所有事业部，重新确立代理模式。目前韩束拥有1.7万家专营网店，屈臣氏和大润发等渠道网店5500家，在电视购物等渠道也名列前茅。在国内化妆品竞争激烈的局面下，迅速挤进前三，成为仅次于佰草集的国内品牌。

谈及微商渠道，韩束副总裁、微商事业部CEO陈育新说："韩束前几年已经将基本的渠道铺设完毕，而随着移动互联网的发展，手机端购物已成大势所趋。微信未来势必会规范微商行为。而目前微商获取用户的成本又较其他渠道低廉，因此微商是韩束不可不去争取的一大渠道。"

其实韩束进军微商一开始是遭到公司内部质疑甚至反对的，目前国内已有化妆品领域进入到这个渠道，大多采用延伸一个子品牌去做，不敢用自己的大品牌去尝试。2014年6月，陈育新开始和公司进行协商并最终立项。

心动就要行动，确定了做微商，就要迅速发力。陈育新这个行动派仅用了一天时间做决定，举家搬迁到北京。

第一，要找到做微商的人。方法比较简单，顺藤摸瓜。先接触一个代理商，就能找到总代理。与线下渠道相同的方法论，直销分为三级，韩束只负责找到区域性大代理商，设定好相应规则，后面的二、三级渠道由大代理商负责。

第二，与其他三无产品最大的不同点，韩束采用的是人走货清的退货模式，这极大地提高了代理商们的热情。比如说，王二想要做代理商，给他一定的配货，如果过段时间他不想做了，他手中的存货可以全部退回厂家。

第三，韩束会对代理商们进行专业培训。相较于攒人头挣快钱的方式，韩束采用选精英，建团队的稳扎稳打模式。曾经有过电商销售经验的人会优先选择作为总代理，总代理的数量是一定的。这期间会培训他们利用团队作战的方式迅速在微信上找到有效资源。

用陈育新的话说："其实一开始你的朋友圈有多少个好友并不是很重要，关键是要学会整合资源。学会怎样去加别人，怎样进行传播。"

第四，韩束微商渠道的产品与其他渠道的产品具有明显的区隔。比如，微商上卖的韩束面膜，其他渠道是没有的，并且每一级的代理价格都是统一的，二级代理如果一开始从一个人手里拿货，那么就规定以后的货全部出自同一人之手。这样就避免了代理间的流动，形成稳定的局面。同时，韩束线下渠道的人是不被允许作为微商代理的。因为微商不是线下基于地理位置渠道的延伸，而是作为基于人群的一个新渠道进行开发的。

目前韩束的渠道像一张网，但是这张网还不足够密，需要新渠道的建设。

随着移动互联网越来越成熟，微商相对于传统渠道和电商渠道的优势会更加明显，这样的突破口韩束已经牢牢抓住。

讲师点评

众所周知，外界对微商颇多微词，还有不少人将微商归入传销之类，微商的代理制虽与传销相仿，但微商就是实实在在地自己投资、拿货、卖货，两者在本质上有很大的区别。

微商可以说是继阿里巴巴、淘宝之后赚钱便捷的一种模式，而很多人也比较排斥，但是微商的身份正一步步得到确认，微商的前景可期可盼。

7.2 “吃货”美女从32个粉丝起家

·人物介绍·

甘金晶，人称金晶妹。目前家住渝北区郑家院子，2009年毕业于重庆工程职业技术学院会计专业，毕业后曾到珠海一家外资企业工作过半年，回重庆后一直从事会计职业，直到2014年5月才正式辞职创业。

·亮点展现·

金晶妹，重庆小清新美女，从32个粉丝起家，月营业额达20万元。现在已租下江北九街一个40多平方米的公寓房间，准备将其打造成线下聚会的体验店，还办理了卫生许可证、营业执照等。

案例分析

“她的性格很开朗，以前是我们班的班长，还常在学生会里活跃。”金晶妹的闺蜜兼同班同学胡倩表示，金晶是一个不折不扣的“吃货”，卖小吃之前很喜欢在朋友圈分享美食，“一般她推荐的美食，我们都觉得挺好吃”。

“我一直在琢磨如何将自己的特长发挥出来。”金晶妹说，后来她通过朋友介绍，拿到了自贡一家卖“冷吃兔”品牌的代理权，便风风火火地做起了销售，“当时我的微博有600个粉丝，微信有32个粉丝”。

“卖肉肉啦，不好吃退钱。”这是金晶妹在微博上的第一声叫卖。随后，不少买家就抱着试一试的心态前去购买。“牛肉35元一包、兔子肉38元一包，一般的人，不会为了这几十元回来找我退货的。”金晶妹笑着说。

“不过，很多吃过的买家，都觉得我卖的产品味道好，又介绍朋友过来买。”金晶妹告诉记者，因为自己微信的关注度越来越高，所以她就把营销阵地全面转向微信，并对发布营销信息的时间和次数进行钻研，“早上9点到10点、中午吃饭前、晚上睡觉前发的效果最好，我一天最多发6条消息，其中营销只占2条，其余都和我的生活有关”。

几个月后，光卖“冷吃牛肉”和“冷吃兔”让金晶妹感觉到销售的瓶颈。因为金晶妹的阿姨是自贡人，也有制作“冷吃兔”的手艺，于是她让自己的妈妈和阿姨一起钻研，将重庆的麻辣口味和“冷吃”手艺结合，研制出了麻辣泥鳅、鸭舌和牛肉，并命名为“冠军”系列。金晶妹卖起了自己的品牌。

金晶妹的妈妈告诉记者，每隔一段时间，她都会亲自到农村收购现榨黄菜籽油，而配料都是自贡特产，经过五道工序后才能制成，在制作期间，制作人也会戴手套、帽子、口罩，保证卫生，“我们会根据订单，每天现做，都是当天卖完，所以比较新鲜”。

“现在大部分年轻人都喜欢晒自拍照，所以我就把这种方式嫁接到微信营销上。”金晶妹说，她在微信上推出了“美女买家秀”，就是买家把自己与产品的合影发到朋友圈里，然后她再截图发在自己的微信上，“在发每一个‘买家秀’时，我都会配上一段评价的文字，只要有一个买家这样做，其他人就会跟风”。金晶妹坦言，她还会对“买家秀”进行编号，现在都已经有100多号了，买家还可以自己挑选“买家秀”号数，“这些照片在微博、朋友圈迅速传开，就可以很快打响自己品牌的知名度”。

金晶妹还坦言，自己的互联网营销也有三个原则，即不打折、不送货、不自取，因为产品利润薄，所以一直坚持不打折，而自己是个弱女子，也没车进行同城配送，所以便选择了以快递的方式寄送，“这样顾客足不出户，也能收到产品”。

“我现在的客源中，重庆的占了60%，外地的有40%。”金晶妹说，这“三不”原则，一方面可以节约自己的时间，让自己的营销更加条理化；另一方面也是在树立自己的“品牌性格”。

在服务上，金晶妹也是做得尽善尽美，因为自己卖的麻辣小吃油比较多，所以每次给买家寄货时，都会免费赠送一次性手套、塑料盘子、清凉糖等贴心小礼物，并且还会跟顾客进行一对一售后确认，“如果有没收到的，我会马上补发，甚至退钱”。此外，金晶妹还会以微信语音的方式，给顾客发温馨小提示，例如吃不完的放冰箱冷藏等，“在聊天的过程中，我已跟好多顾客成为朋友，他们对我的产品很放心”。

讲师点评

做人如果没有梦想，跟咸鱼有什么区别。对众多年轻人而言，这个日益自由、开放的社会注定是他们展现自我的平台。

性格开朗的甘金晶，是个不折不扣的“吃货”，因为喜欢美食，结合自己的特长，走上了微商创业的道路，而且在这条路上越走越远。

金晶妹，一个名不见经传的小姑娘，用自己的方法做微商，取得了这样的成功，其中有很多值得我们学习的东西。

7.3 试水“微商”，一年时间净赚50万元

• 企业介绍 •

26岁的龚晶晶曾是一名“全职太太”。2014年，她试水“微商”，仅仅一年时间就净赚50万元，完成了由“山里媳妇”到“销售达人”的华丽转身。

• 亮点展现 •

凭借以诚为本的经营理念和灵活多样的营销方式，如今，龚晶晶已将思埠、爱美肌、千媚果等三家知名产品的区域总代理尽收囊中，106位微信好友加盟她的团队，成为分销商，她的个人月纯收入也由最初的1000元猛增到现在的8万元。

案例分析

2014年3月，龚晶晶在“微信圈”里结识了一位“微商”朋友，通过深聊，她发现自己非常适合做微商：“‘微商’入门成本低，再加上我平时喜欢交朋结友，人际关系比较广。没准这是一条发家致富的好门道，反正闲着也是闲着，为什么不试试呢？”

经过慎重筛选，龚晶晶将某名牌护肤品作为“试水”‘微商’的突破口，以3500元购进了第一批货。“你确定能卖得出去？”面对丈夫惊讶的眼神，龚晶晶给自个儿壮胆：“当时作了最坏的打算，即使卖不出去，也可以留着自己用。”

话虽说出口，但是龚晶晶心里也没有多大底，她不时给自己打气：“不去尝试，就永远不知道成功离你有多远。”

试用、拍图、上传，龚晶晶把自己当作“小白鼠”，毫无保留地将产品信息和试用感受发布到微信圈和QQ空间。很快，第一张订单“飞”来了，不到3天，

3000多元的货物销售一空，“除去成本，纯赚1000元。”

第一次成功“闯关”，龚晶晶信心大增。生活并不富裕的她拿出2万元做资本，准备大干一场。

“一个优秀的‘微商’不会仅仅局限于：‘熟人生意’，要打开市场就得扩大朋友圈和影响力。”谈及成功之道，龚晶晶笑称“既靠人脉，更需诚信。”

为扩充人脉，龚晶晶想了很多办法：疯狂添加好友、发动亲友推介“二度人脉”，“每次撒网添加几十人，表示通过的寥寥无几，看到我发布的产品介绍，有的不分青红皂白就骂我是‘大骗子’！特打击人。”

不辩解、不争执，以真心换真情，经过龚晶晶的精心维护，如今，她的微信好友已达到3000多人。

如何将“朋友圈”发展成为永久的“客户圈”？“诚信最重要！”龚晶晶在微信上做出“如假包换，假一赔十”的承诺。2014年7月，广州一位黄女士在她那里购得一盒价值200元的面膜。黄女士收到货后发现该面膜临近保质期，龚晶晶赶紧追回该产品，不仅更换了面膜，还遵守承诺退款1000元。黄女士被龚晶晶的诚心所感动，主动与她签约，成为她的义务推广员。

在“微商”领域小有成就的龚晶晶没有停下奔跑的脚步，她踌躇满志地盘算着，“未来10年内，我要力争实现两个梦想：做大产业实力，注册一家属于自己的公司。”

讲师点评

一个人，一部手机，一个圈子构成了一个大舞台——让“微商创业者”尽情展示聪明才智。龚晶晶，敏锐大胆，对新生事物敢于尝试，勇于行动又富有商业头脑，虽然没有多少资本，却有很多新的点子。几乎零门槛、零成本，建立在熟人基础上的社交平台成为她最好的创业舞台。

7.4 女生弃学从商，月入5万元资助同学上大学

• 企业介绍 •

曾雪是成都一所中学的高三学生，偶然接触了微商，从一个学生到月入5万元的商人。因为喜欢经商，她放弃了上大学，将做生意赚来的33000元捐赠给母校，帮助家境贫困的同学上大学。

• 亮点展现 •

目前曾雪已经成为有100多人的一级代理商，每个月的营业额能达到300多万元，她自己的营业额就有几十万元。

案例分析

曾雪父母在双流经营一家电动车店，受父母影响，曾雪很小的时候就有经商思维。初中的时候开始接触微博，看到上面的产品推销，就想试试。那个时候，她就开始卖一些小商品。高二时，曾雪想去学散打和跆拳道，当时要交2000多元学费，她的爸妈强烈反对，他们觉得女孩子应该专心读书。当时，曾雪一心想自己赚够学费。

一个偶然的机会，她看到网上瘦身、瘦脸的精油很畅销，就打起了卖精油的主意。最开始，就是在学校和棠湖中学来回跑，每次都是抱着高高一摞盒子，到同学的宿舍里上门推销瘦脸精油。她的辛苦没有白费，一段时间下来，赚了好几万元，这笔钱就是她做商人赚到的第一桶金。

自从微信营销开始火热之后，她就一直在关注。到了高三，其他同学都在埋头奋战高考，曾雪却开始了自己全新的“生意”，利用课余时间，在微信、微博上卖面膜。因为微信是点对点的传播方式，每天回消息都回到很晚，第二天一早

又要上课，这让曾雪感受到压力，她有了退学的念头。

但是，这个想法一提出来，就遭到了妈妈的反对。曾雪用了两个小时说服了妈妈。她跟妈妈讲马云、讲淘宝、讲阿里巴巴，说自己一定能够成功。现在微信营销才刚刚开始，正是发展的好时机，错过了就永远不会再有。曾雪说，如果上大学，自己想选择的专业也是电子商务，大学学四年课本知识，还不如在创业的过程中学习。她的父母跟班主任商量后，决定尊重女儿的选择。随后，曾雪办理了保留学籍的手续。

不过，做生意并不会一帆风顺。一次，出货方告诉曾雪，拿货500个就可以送200个，她便把所有的存款一并汇过去了，可到货之后，出售效果并不理想，每天稀稀拉拉地只能卖出去一两个。每天回到家对着那么多的囤货，就觉得很心酸。于是，她决定招代理，大家一起做。这一招起了效果，产品很快就卖出去了。

于是，用赚来的钱继续投资，开始是做代购，后来又慢慢发展团队，发展了100多个代理商。现在我开始做一个品牌，让团队一起来做。当时做微营销的人比较少，大家觉得在微信上卖东西挺好奇的，所以慢慢加的人就比较多。现在每个人的朋友圈里都会有几个微商了。

讲师点评

18岁的大美女，高中期间自己创业经商，用赚来的钱继续投资，开始是做代购，后来又慢慢发展团队。就像她在自己的微博中所说的：当别人还在购买产品的时候，我做零售；当别人还在做零售的时候，我做批发；当别人在做批发的时候我在做品牌；当别人做传统企业的时候，我做微营销；当别人在做成熟品牌的时候，我做新兴模式。

7.5 月销售50万元，“90后”扛起的时代

· 企业介绍 ·

周晓贤是一名“90后”女孩，在许多人还在纠结是否进入或者坚持继续做“微商”时，她却通过自己的微信账号：hufu6666，以月销售业绩50万元的稳定成绩成为行业关注的焦点。这位被朋友誉为“傲娇女神”的“90后”年轻微商，面对外界的赞誉，却只是以“尽最大努力做好本职工作”概述了自己的“成功秘诀”。

· 亮点展现 ·

敬业、口碑、优质的服务、坚持正品销售等等，正是这些当下在微商中极度缺乏或者难以坚持的品质铸就了晓贤这个“90后”女孩，在整个微商收入都下降的时候，周晓贤反而逆势增长，月销售额达到50万元，成为当之无愧的“‘90后’第一微商”。

案例分析

了解或者熟悉晓贤的人都知道，这个看似年轻的女孩子，做起事情来却有着一股“不要命”的狠劲。而这种做事的风格表现在晓贤对微商的打理上，也就是高度敬业的精神。

晓贤每卖一款产品都会自己先试用，有时候还会请朋友、家人帮忙试用，产品无不良反应，且效果突出，她才会在朋友圈发布、售卖。曾经因为试用的护肤品含量超标，晓贤整个脸肿胀起来，她当时笑称“简直和猪头一样，妈妈都不认得我了，朋友们看到也要笑话很久”，正是因为种种“拼命”表现，家人及朋友都称她是“要钱不要命”。不过，她表示这是敬业，并表示微信里面都是熟人，

如果卖出了一款这样含量超标的护肤品，不仅砸了自己的招牌，恐怕以后在朋友圈也混不下去了。

实际上，除了在产品上抱着高度责任心，晓贤对待每个客户也都是像朋友一样，因为她朋友圈里很多人是通过朋友介绍，或者慕名成为其粉丝的，她很珍惜，认为这些人相信她，所以对待她们非常用心。

晓贤能够在微商界异军突起，除敬业、认真之外，最重要的是对品质的坚持。从创业之初就秉承着“非正品不做”的原则也为她成就50万元月业绩打下了坚实的基础。晓贤为自己定下了“三不卖”标准：不是正品不卖，效果差的不卖，进了假货宁愿自己赔本也不卖。正是这三不卖原则，让晓贤的粉丝越来越多，粉丝们更是通过一传十十传百的口口相传效应，为她带来了源源不断的生意。

晓贤认为：“客户相信你，愿意花钱在你这里购买所需的产品，就一定要做好服务，对得起彼此之间的信任，有时候换个角度，设想我们自己是客户，去购买东西时候的心态，就更能理解好产品、好服务以及责任心的重要性了。”多换位思考，站在客户的角度想问题，很多时候就能事半功倍。

讲师点评

当许多年轻的“90后”还沉浸在上辈人的“蜜罐”中时，晓贤却用自己的努力来证明“90后”也应该朝着自己的梦想前进。

随着互联网以及移动互联网在中国乃至全世界的普及，越来越多的品牌通过微商和网络火起来了。而年纪轻轻的晓贤却因为自己的微商阅历，见证和参与推动了多个产品从微信火向全国的历程。如今，晓贤正在“撒开大网”，紧锣密鼓地发掘和探寻更好的产品，让更多的人能够方便、快捷地享受到国际化、潮流地所流行的时尚潮品。

以晓贤为代表的“90后”早已大批涌入社会，她们发现新事物的眼光，敢于尝试的勇敢为这个时代注入了更加鲜活的力量，“90后”扛起的时代已经拉开序幕。

7.6 1天销售129万元，“80后”微商团队营销奇迹

• 团队介绍 •

VIP团队创立于2015年3月，由陈鹏全、卢俊成、廖纯、朱铎共同创立。

VIP团队致力于做对社会大众健康有益的产品，每一款产品都是专利产品，每一款产品的问世，都是对人类健康事业做的一分贡献。VIP的使命，就是拒绝暴利，回报社会。

• 亮点展现 •

2015年3月28日，VIP团队在广州天河区裕通大酒店，举行肺部spa产品的首次招商会议，肺康肽产品首次曝光，引起了社会各界的关注。肺康肽为维观生物科技有限公司制造，国家专利技术，可以有效防治雾霾和吸烟等对肺部呼吸系统的伤害。

VIP团队现场对产品进行了产品使用演示及产品作用的说明，讲解了产品的作用原理及两大功效特点：肺部净化——杀灭雾霾颗粒病菌和肺部排毒——排出雾霾重金属和毒素。

案例分析

在雾霾越来越严重的当今，柴静的《穹顶之下》——一部关于雾霾的纪录片，引起了过亿的点击访问率，社会大众再一次认识到现在的空气污染有多么的严重，人们对生活环境充满了恐惧感，却得不到有效的防范方法。

在这个契机下，一支有着丰富品牌运营经验的VIP微商团队，寻找到了有多年专利技术的产品，广州维观生物科技有限公司生产的肺康肽产品，可以有效地对抗雾霾对肺部的伤害，还可以有效地消除吸烟、细微粉尘对肺部呼吸系统的伤

害。但产品导出设备很笨重，不方便携带，几经周折，寻找到了有雾化器专利技术的便携迷你纳米喷雾器。产品经过一段时间的临床测试和收集数据后，VIP团队仅用10天的时间，通过微信，以分享的方式告诉人们雾霾的危害，从关爱人类健康，解决空气污染伤害的角度切入，并通过录制在线视频，分享微商经营的方法、技巧、实战案例，用朋友圈、公众平台快速推广传播的方法，在10天内邀约到297名有意共同推广肺康肽产品的伙伴，参加产品的首次产品说明会。通过VIP团队对报名人员的筛选，最终确定60名合作代理商参会。

在当天的产品说明会上，再一次通过视频进行雾霾、空气质量污染对人体伤害的数据记录，让到场的所有人都记忆深刻，都渴望为大众带来好的抵抗雾霾产品。在当天的会议中，详细分析了现如今新的移动电商分支——微商的未来，出路和运营方法，使在场的所有参与者都认同市场的前景广阔。通过很多产品在微商成功的案例、数据、市场反馈、运营方法，解答了到会者的疑虑，会议当天签订合作代理商产品订单129万元，成功引爆产品。

讲师点评

根据市场的数据分析，以及《穹顶之下》视频的过亿次点击率的影响力，VIP微商团队寻找到了市场的需求空白，并且是与拥有专利技术的实力雄厚公司进行合作，完美地解决了产品的效用问题，在没开始前就已经占据了优势。又通过微商教学视频的方式，迎合当前最火爆热议的话题，使得第一次的产品说明会信息可以快速地被传播，引起想做微商的或者已经在做微商的人的关注，成功切入产品的卖点，以及市场需求的数据分析，吸引到精准的代理商共同开拓市场。

参考文献

[1] 陈春园．鼓励大学生创业可以“微商”为突破口．新华网，http://www.gov.cn/xinwen/2015-03/13/content_2833375.htm，2015-03-13

[2] 佚名．M-BOX“援手”传统餐饮企业“微餐饮”．中国经济网，http://hy.stock.cnfol.com/hangyezonghe/20150113/19906774.shtml，2015-01-13

[3] 冯亚宗．微商如何做好客户关系管理．电商学院，http://www.hishop.com.cn/ecschool/wsgh/show_18238.html，2015-01-26

[4] 冯亚宗．什么样的人适合做微商．电商学院，http://www.hishop.com.cn/ecschool/wsgh/show_17188.html, 2014-12-18

[5] 黄保．微商层层分销的利弊．电商学院，http://www.hishop.com.cn/ecschool/wsgh/show_18601.html，2015-02-04

[6] 刘惜墨．看韩束怎么用3个月将“微商”销售额做到上亿．黑马网，http://newshtml.iheima.com/2014/1210/148269.html，2014-12-10

[7] 美女甘金晶辞职创业　微信卖小吃月入20万．电商之家，http://www.naxs.cn/post/244.html，2015-03-11

[8] 陈钰，毕传高．“微商”龚晶晶的创富故事．农村新报讯，2015-03-05

[9] 汪衡，雷强．高三女生做“微商”月赚5万资助10名同学上大学．华西都市报，2014-08-27

[10] 李志勇．“微商”挑战传统电商模式．新华网北京频道，2015-01-14

[11] 褚伟．微商不会取代淘宝，二者平分秋色．IT时代周刊，2014-11-19

[12] 陈光锋．微商：运营策略、技巧、工具、思维与实战．北京：机械工业出版社，2015

[13] 凌教头．微商创业手册．北京：机械工业出版社，2015

[14] 韩曰田．深度微信：营销、运营、创业与微信电商．北京：机械工业出版社，2015

[15] 刘焱飞．华章科技：微信朋友圈，这么玩才赚钱．北京：机械工业出版社，2015

[16] 何志康．一微万利：粉丝、利润双丰收的微信营销秘诀．北京：人民邮电出版社，2015

[17] 于久贺．微信电商，这样做就对了．北京：机械工业出版社，2015

[18] 黄伟芳．微信营销与运营实操手册：策略、方法、技巧、工具与案例大全．北

京：北京大学出版社，2014

[19] 杜一凡，吴彪．微信营销实战手册：赚钱技巧+运营方案+成功案例．北京：人民邮电出版社，2014

[20] 何秀芳，葛存山．微信营销与运营一册通．北京：人民邮电出版社，2014

[21] 郭春光．你早该这么玩微信：深度分析微信营销的100个案例．北京：清华大学出版社，2014

[22] 谢晓萍．微信思维．广州：羊城晚报出版社，2014

[23] 王易，蓝尧．微信，这么玩才赚钱．北京：机械工业出版社，2013

[24] 央视等各大媒体助力首届世界微商大会．科技讯，http://www.kejixun.com/，2015-04-14

[25] 世界微商大会最具人气大学生微商奖．张帆：青春激情铺创业之路．新浪山东，http://sd.sina.com.cn/edu/xykd/，2015-04-14